Teresa von Avila

Nichts soll dich ängstigen

Teresa von Avila

Nichts soll dich ängstigen

Gedanken für jeden Tag,
ausgewählt von
Marianne Ligendza

Verlag Butzon & Bercker

Mitglied der »verlagsgruppe engagement«

ISBN 3 7666 8543 0

4. Auflage

 Mit kirchlicher Druckerlaubnis. Nr. 305/6–7/72. Münster, den 10. Mai 1972. Domkapitular Gertz, stellv. Generalvikar. Umschlaggestaltung: Wilhelm Hinkerohe. Herstellung: Bercker Graphischer Betrieb GmbH Kevelaer.

Vorwort

Am 27. September 1970 wurde Teresa von Avila als erste Frau durch Papst Paul VI. zur Würde einer Kirchenlehrerin erhoben. In einer Zeit des Umbruchs, im 16. Jahrhundert, versuchte Teresa, die Kirche von innen her zu erneuern. Sie gründete Gemeinschaften, die das Gebet zu ihrer Lebensaufgabe machten. In ihren Schriften und Briefen nahm sie Stellung zu den Fragen ihrer Zeit und gab Anweisungen für das geistliche Leben.
Der Einfluß Teresas ging weit über ihre Zeit hinaus. So bekannte zum Beispiel Edith Stein, daß sie wesentliche Anstöße zu ihrer Konversion durch die Schriften Teresas empfangen habe.
Auch heute können Teresas Worte Grundlage der Meditation sein und eine Hilfe, das Leben in einem unbedingten Vertrau-

en auf Gott zu bestehen und es zu einem Lobpreis Gottes zu machen.
Die hier vorgelegten Gedanken aus Teresas Werken werden in einer zeitgemäßen Nachgestaltung der Übersetzung Alkofers aus dem Kösel-Verlag wiedergegeben.

1. Januar

Nichts soll dich ängstigen, nichts dich erschrecken, alles vergeht.
Gott allein bleibt derselbe. Geduld erreicht alles.
Wer Gott besitzt, dem kann nichts fehlen.
Gott genügt.

2. Januar

O mein Gott, wann werde ich es dahin bringen, daß mein ganzes Leben dich preist?

3. Januar

Welchen Schaden bringt es den Menschen, wenn sie meinen, es werde verborgen bleiben, was wider Gott geschieht! Ganz sicher würde großes Unheil vermieden, wenn wir einsähen: es kommt nicht darauf an, uns vor den Menschen in acht zu nehmen, sondern uns vor dem zu hüten, was Gott mißfällt.

4. Januar

Mein Herr! Ich hielt es für unmöglich, ganz von dir zu lassen, und doch bin ich dir so oft davongelaufen. Darum muß ich mich fortwährend fürchten; denn zögest du dich auch nur ein wenig von mir zurück, so fiele ich mit allem Guten, das ich schon empfangen habe, elend zu Boden. Sei gepriesen in Ewigkeit.

5. Januar

Obwohl ich dich verließ, hast du mich nicht verlassen. Stets hast du mir deine Hand gereicht und mich, wenn ich gefallen war, wieder erhoben. Oft wollte ich diese Hand nicht ergreifen und deine Stimme nicht hören, die mich immer aufs neue rief.

6. Januar

In der Krankheit ist schon das ein wahres Gebet, wenn man Gott die Leiden aufopfert, sich erinnert, für wen man leidet, und sich dabei in Gottes Willen ergibt.

7. Januar

Von mir selbst kann ich sagen: Ich wäre bei meinem beständigen Fallen und Wiederaufstehen zuletzt in die Hölle gestürzt, hätte mich der Herr nicht häufig mit Personen zusammengeführt, die das innerliche Gebet pflegten.

8. Januar

Ich hatte zwar viele Freunde, die mir zum Fallen halfen, zum Wiederaufstehen aber fand ich mich allein. Ich wundere mich jetzt, daß ich nicht für immer liegen blieb. Gott hat mir die Hand gereicht, darum lobe ich seine Barmherzigkeit.

9. Januar

Meiner Ansicht nach ist das innerliche Gebet nichts anderes als ein Freundschaftsverkehr, wobei wir uns oft im Geheimen mit Gott unterhalten, von dem wir wissen, daß er uns liebt.

10. Januar

Wahre Liebe und dauerhafte Freundschaft setzen notwendig eine Übereinstimmung voraus; diese kann es jedoch zwischen dem Herrn, der keinen Fehler an sich hat, und uns, die wir fehlerhaft und undankbar sind, nicht geben. Darum könnt ihr niemals so vollkommen lieben, daß eure Liebe der seinigen gleichkommt.

11. Januar

Unendliche Güte meines Gottes! Wie sehr möchte ich ganz in Liebe zu dir aufgehen! Es ist wahr: Wer deine Nähe nicht erträgt, den erträgst du.

12. Januar

Welch treuer Freund, mein Herr, bist du auch denen, die deine Nähe nicht ertragen! Du beschenkst sie, du duldest sie, du wartest, bis sie deine Art annehmen, indem du inzwischen die ihre erträgst.

13. Januar

Ich begreife nicht, mein Schöpfer, warum nicht die ganze Welt danach strebt, durch besondere Freundschaft mit dir in Verbindung zu kommen.

14. Januar

Du Leben derer, die auf dich vertrauen und dich zum Freunde haben wollen! Du bringst keinem von ihnen den Tod – vielmehr erhältst du das leibliche Leben in guter Gesundheit und gibst der Seele Leben.

15. Januar

Der böse Feind geht meisterhaft zu Werk, um uns zu schaden: er flößt uns Abscheu vor dem Gebet ein und bewirkt dadurch, daß wir über sehr viel Wichtiges nicht nachdenken; nämlich, wie oft und schwer wir Gott beleidigt haben, wieviel wir ihm schulden, daß es eine Verdammnis und eine ewige Glorie gibt, und wie große Mühsale und Schmerzen der Herr für uns erduldet hat.

16. Januar

Was muß ein Mensch ausstehen und erdulden, wenn er die Freiheit verliert, die er sich hätte bewahren sollen.

17. Januar

Gepriesen sei Gott, der mir Leben gab und mich aus einem furchtbaren Tod errettete. Mein Leben erhielt große Kräfte von Gott, der meine Rufe gehört und mit mir Erbarmen haben mußte.

18. Januar

Wenn wir das nicht erkennen, was wir von Gott empfangen haben, werden wir auch nicht zu seiner Liebe erwachen.

19. Januar

Es ist ganz klar: Wir werden jemand, der uns Gutes erwiesen hat, um so mehr lieben, je öfter wir uns dessen erinnern.

20. Januar

Wer seinen Reichtum nicht erkennt – wie kann der für sich selbst Gewinn daraus ziehen und anderen freigebig davon mitteilen?

21. Januar

So wie wir geschaffen sind, ist es unmöglich, große Dinge mutig zu unternehmen, ohne zu bedenken, daß man bei Gott in Gnaden steht.

22. Januar

Wir sind sehr schwach und sehr zu den Dingen dieser Welt geneigt. Darum wird sich niemand vom Irdischen lösen können, wenn er nicht erkennt, daß er ein Unterpfand des Himmlischen besitzt. Durch dieses verleiht uns der Herr zugleich die Kraft wieder, die wir durch die Sünde verloren haben.

23. Januar

Wir begeben uns in den Dienst der Liebe, wenn wir uns entschließen, betend dem zu folgen, der uns so sehr geliebt hat.

24. Januar

Herr! Warum willst du einen Menschen, der sich entschließt, dich zu lieben, nicht sogleich zum Besitz der vollkommenen Liebe erheben? Er verläßt doch möglichst alles, um sich ausschließlich mit der Liebe Gottes zu beschäftigen. Ich habe nicht recht gesprochen; ich sollte sagen: warum wollen wir selbst uns nicht erheben? Die ganze Schuld liegt an uns, wenn wir nicht sofort einer so hohen Gnade teilhaftig werden.

25. Januar

Täten wir unser Möglichstes, um unser Herz nicht an Irdisches zu verlieren, und wäre unsere ganze Sorge und unser ganzer Wandel im Himmel; würden wir uns ferner ohne Vorbehalt und Zaudern darauf einstellen, wie einige der Heiligen es taten – ich bin gewiß, daß uns die Gnade der vollkommenen Liebe in sehr kurzer Zeit gegeben würde.

26. Januar

Wir meinen, unserer Selbstgefälligkeit entsagt zu haben, als wir ein geistliches Leben zu führen und nach Vollkommenheit zu streben begannen. Aber kaum greift man uns auch nur ein wenig an der Ehre an, dann denken wir nicht mehr daran, daß wir sie Gott schon zum Opfer gebracht haben. Wir wollen sie uns aufs neue aneignen und sie ihm gleichsam wieder aus den Händen reißen.

27. Januar

Die vollkommene Liebe wird uns nicht auf einmal zuteil, weil wir nicht alles auf einmal hergeben. Der Herr läßt uns diesen Schatz wenigstens tropfenweise zukommen, selbst wenn es uns alle Mühe der Welt kostete.

28. Januar

Gott erweist dem eine sehr große Barmherzigkeit, dem er die Gnade und den Mut verleiht, mit allen Kräften nach der vollkommenen Liebeseinheit mit Gott zu streben; ist er nur beharrlich, so versagt sie ihm Gott gewiß nicht. Vielmehr wird er ihn befähigen, den Sieg zu erlangen.

29. Januar

Die größte Schwierigkeit, in vollkommene Liebe mit Gott durch das innerliche Gebet zu gelangen, liegt in den Anfängen. Die Anfänger müssen selbst die Arbeit tun, der Herr gibt nur die Fähigkeit dazu.

30. Januar

Auf dem Weg, den Christus gegangen ist, müssen alle wandeln, die ihm nachfolgen, wenn sie nicht verlorengehen wollen.

31. Januar

Der Garten unseres geistlichen Lebens kann auf mehrfache Weise bewässert werden: entweder man schöpft das Wasser mit großer Mühe aus einem Brunnen, oder man schöpft es mit geringerer Mühe und in größerer Menge mittels eines Rades, das mit Schöpfgefäßen versehen ist.

1. Februar

Weitere Arten der Bewässerung unseres Gartens: man leitet das Wasser aus einem Fluß oder aus einem Bach in den Garten; das ist noch besser, weil die Erde dadurch mehr befeuchtet wird, das Gießen nicht so oft notwendig ist und der Gärtner dadurch weniger Mühe hat. Endlich geschieht die Bewässerung durch einen ergiebigen Regen, wenn nämlich der Herr selbst ohne irgendeine Bemühung unsererseits den Garten mit Wasser tränkt. Diese letzte Art ist unvergleichlich besser als alle anderen.

2. Februar

Bei dem einen wachsen die Pflanzen und Blumen, indem Gott ihnen Wasser gibt; bei den anderen aber dadurch, daß er es ihnen vorenthält: wenn es dem Herrn so gefällt – was kümmert's mich?

3. Februar

Der Herr wird zuweilen lange Zeit der Trokkenheit, Überdruß und eine große Unlust zum Wasserschöpfen über die kommen lassen, die ihn lieben. Vor Erteilung seiner Gnaden prüft er, ob sie imstande sind, den Kelch zu trinken und ihm das Kreuz tragen zu helfen. Dadurch sollen wir erkennen, wie wenig wir aus uns selbst sind.

4. Februar

Die Gnaden, die der Herr uns auf den höheren Gebetsstufen mitteilt, sind von sehr hohem Wert. Ehe wir ihrer teilhaft werden, will uns Gott durch eigene Erfahrung von unserer Schwachheit überzeugen, damit es uns nicht geht wie dem Luzifer.

5. Februar

Mein Herr, alles, was du tust, gereicht der Seele zum Besten, die du bereits als dein Eigentum erkennst. Sie hat sich dir ergeben, um dir auf deinem Weg zum Tod am Kreuz zu folgen, und ist entschlossen, dir das Kreuz tragen zu helfen und dich damit nicht allein zu lassen.

6. Februar

Seien wir überzeugt, daß alles zu unserem Besten geschieht. Gott führt uns den Weg, der ihm gefällt; ihm gehören wir, nicht mehr uns selbst. Er erweist uns Gnade, indem er unseren Willen lenkt, in seinem Garten zu graben und in seiner Gegenwart zu bleiben.

7. Februar

Diejenigen, die das innerliche Gebet erst zu üben beginnen, gleichen jenen, die das Wasser eigenhändig aus dem Brunnen schöpfen. Sie müssen sich nach und nach angewöhnen, nichts zu sehen und nichts zu hören, und diesen Entschluß während der Gebetsstunden durchhalten. Deshalb müssen sie die Einsamkeit aufsuchen und, gelöst von allem, über ihr Leben nachdenken.

8. Februar

Herr, tu an mir, was dir gefällt, wenn ich nur dich nicht beleidige und die Tugenden nicht verliere, die du mir aus lauter Güte schon verliehen hast. Ich will leiden, weil auch du gelitten hast. Dein Wille geschehe.

9. Februar

Wir verlangen meistens nach Gefühlen der Andacht und freuen uns darüber. Aber die Liebe zu Gott besteht weder darin noch im Vergießen von Tränen. Vielmehr sollen wir ihm dienen in Gerechtigkeit, mit unserer ganzen Kraft und mit Hingabe.

10. Februar

Viele haben schon lange das innerliche Gebet zu üben begonnen und gelangen doch nie zum rechten Ziel. Man muß das Kreuz mitumfassen. Dann erreicht man vieles.

11. Februar

Gott kennt unsere armselige Natur besser als wir selbst. Er kennt auch unser Verlangen, immer an ihn zu denken und ihn zu lieben, und gerade diesen Willen fordert er von uns.

12. Februar

Wer die Freiheit des Geistes erringen und nicht immer betrübt sein will, der darf nicht vor dem Kreuz zurückschrecken. Er wird dann sehen, wie der Herr ihm hilft, es zu tragen, und Zufriedenheit wird ihm geschenkt.

13. Februar

Wir können dem Brunnen kein Wasser geben, wenn seine Quelle versiegt ist. Hat er aber Wasser, dann dürfen wir nicht versäumen, daraus zu schöpfen.

14. Februar

Wir wollen uns nicht ängstigen, wenn wir keine Andacht empfinden. Vielmehr dem Herrn danken, daß er in uns das Verlangen nach ihm erhält, wenn unsere Werke auch mangelhaft sind.

15. Februar

Es scheint eine Art Hochmut zu sein, wenn wir uns zu höheren Dingen aufschwingen wollen. Gott verleiht uns doch übergroße Gnade schon dadurch, daß er uns Unwürdige in seine Nähe kommen läßt.

16. Februar

Die Seelenkräfte selbst hemmen und zum Stillstand bringen zu wollen, wäre Torheit und ein Zeichen von geringer Demut. Ein solches Bemühen ist vergebens. Es ist, wie wenn einer springen will, aber von rückwärts festgehalten wird.

17. Februar

Die vortreffliche Tugend der Demut hat die Eigenschaft, daß nichts, was aus ihr getan ist, Mißbehagen zurückläßt.

18. Februar

Wir brauchen große Zuversicht. Denn es ist wichtig, unserem Verlangen nach Gott keine engen Grenzen zu setzen. Vielmehr sollen wir überzeugt sein, mit Gottes Gnade und durch eigene Anstrengung dorthin zu gelangen, wohin so viele Heilige gelangt sind, selbst wenn das nicht gleich, sondern erst allmählich gelingt.

19. Februar

Die Heiligen hätten es nie soweit gebracht, wenn sie ihre Wünsche nicht so hochgespannt und sich nicht entschlossen hätten, sie allmählich in die Tat umzusetzen.

20. Februar

Gott will und liebt beherzte Menschen, wenn sie nur demütig sind und nicht auf sich selbst vertrauen. Unter solchen habe ich noch keinen gekannt, der auf dem Weg des Gebetes zurückgeblieben wäre.

21. Februar

Der böse Feind redet uns ein, es sei überheblich, hohe Wünsche zu hegen und die Heiligen nachahmen zu wollen. Gleich flüstert er uns ein, was die Heiligen getan, könne man wohl bewundern, aber wir Sünder könnten es nicht nachahmen.

22. Februar

Wie es im Himmel viele Wohnungen gibt, so gibt es auch viele Wege dahin. Einigen ist es nützlich, wenn sie über die Hölle, anderen, wenn sie über den Himmel, und wieder anderen, wenn sie über den Tod meditieren.

23. Februar

Einige sind so weichherzig, daß es ihnen sehr schwer wird, immer über das Leiden Christi nachzudenken. Dagegen denken sie mit Freude und Nutzen an die Macht und Größe Gottes in den Geschöpfen sowie an die Liebe, mit der er uns liebt.

24. Februar

Man darf niemals mit der Selbsterkenntnis aufhören und es gibt keine Riesenseele auf diesem Weg, die nicht oftmals wieder ein Kind werden und an der Brust saugen müßte.

25. Februar

Keine Gebetsstufe ist so erhaben, daß es dabei nicht oft nötig wäre, wieder zum Anfang zurückzukehren.

26. Februar

Betrachtung der Sünden und Selbsterkenntnis sind das Brot, von dem man auf dem Weg des Gebetes lebt. Ohne dieses Brot könnte man sich gar nicht erhalten.

27. Februar

Es ist etwas Großes um die Wissenschaft. Sie unterweist uns, die wir wenig wissen; sie erleuchtet uns; durch sie haben wir die Wahrheit der Heiligen Schrift kennengelernt. Tun wir, was nötig ist! Vor albernen Andachten aber bewahre uns Gott.

28. Februar

Bei dem Gebet der Ruhe wird der Wille fest gefangengehalten, ohne zu wissen wie. Er gibt nur seine Zustimmung dazu, daß Gott ihn in Haft hält. Denn er weiß wohl, daß er ein Gefangener dessen ist, den er liebt.

29. Februar

Jesus, was vermag doch deine Liebe über uns! Sie bindet unsere Liebe so, daß sie keine Freiheit hat, etwas anderes zu lieben als dich.

1. März

Gott ist uns so nahe, daß wir ihm keine Boten zu senden brauchen; wir können selbst mit ihm sprechen, ohne die Stimme laut zu erheben. Er ist so nahe, daß er schon versteht, wenn wir nur die Lippen bewegen.

2. März

Aller eigener Fleiß reicht nicht aus, wenn Gott uns das Wasser der Gnade entzieht. Und wenn wir unsere eigene Nichtigkeit einsehen, dann gewinnen wir eine tiefe Demut, und die Blumen wachsen aufs neue.

3. März

Mein Gott, laß mich bitte unaufhörlich das Lob deiner Erbarmung singen!

4. März

Gott erweist uns große Gnade allein aus seiner Güte. Das sollen wir klar erkennen und bedenken, wie nahe wir ihm sind. Dabei sollen wir von ihm Gnaden erflehen und ihn bitten für die Kirche, für die unserem Gebet Empfohlenen und für die Seelen im Fegfeuer.

5. März

Unser Bittgebet braucht kein Wortgeräusch, wohl aber das große Verlangen, erhört zu werden. Ein solches Gebet nimmt vieles in sich auf, und man erreicht dadurch mehr als durch weitläufige Auseinandersetzungen des Verstandes.

6. März

Vor der unendlichen Majestät Gottes gilt wahre Selbsterkenntnis mehr als alle Wissenschaft der Welt. Da handelt es sich nicht darum, Beweise zu führen und Folgerungen zu ziehen; wir sollen uns nur aufrichtig als das erkennen, was wir sind, und in Einfalt bei Gott verweilen.

7. März

Gott will, daß der Mensch seine Erbärmlichkeit begreift, Gott läßt sich so sehr herab, daß er den Menschengeist trotz all seiner Armseligkeit neben sich duldet.

8. März

Blicke zur Höhe, zum wahren und ewigen Königreich, das wir erringen wollen!

9. März

Um sich vor den Nachstellungen des bösen Feindes zu bewahren, gibt es ein wirksames Mittel: gleich am Anfang muß man den festen Entschluß fassen, auf dem Weg des Kreuzes zu wandeln.

10. März

Unser Herr selbst hat uns den Weg der Vollkommenheit gezeigt, als er sagte: „Nimm dein Kreuz auf dich und folge mir.“ Er ist unser Vorbild; wer ihm folgt, hat nichts zu fürchten.

11. März

Die Gnade, die Gott uns im Gebet erweist, ist die Quelle aller Güter.

12. März

Man soll sich ganz den Armen Gottes überlassen. Will uns Gott in den Himmel heben, so sei es; will er uns in den tiefsten Abgrund hinabführen, so empfinden wir darüber keinen Schmerz, wenn wir nur zusammen mit unserem höchsten Gut dorthin gehen.

13. März

Man muß sich ganz den Armen Gottes überlassen: Will er unserem Leben ein Ende machen, so seien wir damit einverstanden; will er, daß wir noch tausend Jahre leben, so seien wir auch dazu bereit.

14. März

Der Herr mag über uns verfügen wie über sein Eigentum; wir gehören nicht mehr uns selbst, sondern sind ganz ihm ergeben. Wir können völlig unbekümmert sein.

15. März

Eine Gnade ist es, daß Gott Gnade verleiht; eine zweite Gnade ist es, diese Gnade zu erkennen; und eine dritte Gnade schließlich ist die Fähigkeit, diese Gnade auch ausdrücken und anderen verständlich machen zu können.

16. März

Wann endlich, mein Gott, wird meine Seele mit deinem Lob ganz beschäftigt und nicht mehr so zerteilt sein? Hier sehe ich, welches Unheil uns die Sünde gebracht hat: sie hat uns in eine solche Sklaverei versetzt, daß wir nicht beständig mit Gott beschäftigt sein können, wie wir es so gern wollten.

17. März

Vereinigung ist das Einswerden zweier Dinge, die vorher voneinander getrennt waren. So sehr hast du, Gott, uns geliebt, daß wir in Wahrheit von einer solchen Verbindung sprechen können; du gehst sie mit denen ein, die sich noch in dieser Welt befinden.

18. März

Wenn du, Gott, die Verbindung zu den Menschen nur mit den Guten unterhieltest, so wäre dies schon eine große Freigebigkeit und eine Gnade, wie sie deiner Größe entspricht. Wie magst du aber Menschen, die dich so sehr beleidigt haben, so hohe Gnaden mitteilen? Hier steht mir wirklich der Verstand still, und wenn ich anfange, darüber nachzudenken, komme ich nicht weiter.

19. März

Mein Herr, wie gut bist du doch! Sei gepriesen in Ewigkeit! Alle Dinge sollen dich preisen!

20. März

Du unendliche Güte, wie herrlich sind deine Werke! Sie versetzen jeden in Staunen – außer jemand sei von den Dingen dieser Welt so eingenommen, daß er für die Wahrheit kein Verständnis hat.

21. März

Gieße doch die Gnade, eine so kostbare Flüssigkeit, nicht in ein so zerbrechliches Gefäß, wie ich es bin; du hast ja schon gesehen, daß ich sie immer wieder verschütte.

22. März

Warum vertraust du die Hauptwehr der Stadt und die Schlüssel ihrer Festung einem so feigen Befehlshaber an, der die Feinde gleich bei der ersten Bestürmung einläßt? Ewiger König, geh in deiner Liebe nicht so weit, daß du solche kostbaren Kleinodien der Gefahr aussetzest.

23. März

Nur dazu erteilst du uns so große Gaben und Gnaden, damit wir dadurch vielen anderen nützen. Ich gebe mir zwar Mühe, diese Kleinodien mit deiner ganz besonderen Hilfe nicht zu verlieren; trotzdem kann ich niemand damit nützen. Denn ich bin ein Weib und obendrein kein gutes, sondern ein böses.

24. März

„Nimm das größte Gut, das es auf Erden gibt, von mir und gib es einem anderen, der zur Vermehrung deiner Ehre damit mehr Nutzen schafft.“ So oder ähnlich sprach ich oft. Danach sah ich freilich meine Torheit ein. Denn der Herr weiß wohl, was gut und nützlich ist, und daß ich zu schwach wäre, mein Heil zu wirken, wenn er mich nicht kräftigte.

25. März

Ein kleines Feuer ist ebenso Feuer wie ein großes. Und doch besteht zwischen beiden ein Unterschied: es dauert lange, bis in einem kleinen Feuer auch nur ein kleines Stück Eisen glühend wird; in einem großen Feuer dagegen verändert selbst ein größeres Stück Eisen in sehr kurzer Zeit gänzlich sein Wesen.

26. März

Wenn die Sonne hell in eine Wohnung hineinstrahlt, kann kein Spinngewebe verborgen bleiben.

27. März

Sei gepriesen, Herr, daß du eine so schmutzige Pfütze wie mich in eine so klare Quelle verwandelst. Sei gepriesen, daß du einen so niedrigen und verächtlichen Wurm so hoch erheben willst.

28. März

Ich schreibe zum Trost für jene, die – wie ich – schwach sind, damit sie nie verzweifeln und nie das Vertrauen auf Gottes große Barmherzigkeit aufgeben. Selbst wenn sie gefallen sind, dürfen sie nicht verzagen, wenn sie nicht ganz zugrunde gehen wollen.

29. März

Keiner von denen, die einmal mit dem innerlichen Gebet begonnen haben, verzage und spreche: wenn ich doch wieder falle, so wird es nur um so schlimmer für mich sein, es fortzusetzen. Letzteres ist sicher der Fall, wenn man das innerliche Gebet aufgibt und seine Fehler nicht bessert.

30. März

Bleibt man dem innerlichen Gebet treu, so wird man in den Hafen des Lichtes geführt.

31. März

Wo dachte ich hin, mein Gott, als ich meinte, ein Heilmittel zu finden außer bei dir! Welche Torheit, das Licht zu fliehen, nur um stets zu fallen.

1. April

Welch eine hoffärtige Demut flüsterte mir der Teufel ein, als er mich verleitete, mich nicht mehr an die Säule zu lehnen und nicht mehr auf den Stab zu stützen, die mich vor dem tiefen Fall bewahrt hätten.

2. April

Gott vergißt unseren Undank, wenn wir in uns gehen und zu seiner Freundschaft zurückkehren wollen. Gottes Güte ist größer als alle Sünden, die wir begehen können.

3. April

Gott wird nicht müde zu geben, und seine Erbarmungen sind unerschöpflich. Werden auch wir nicht müde, zu empfangen!

4. April

Wie freundschaftlich würden alle Menschen miteinander verkehren, wenn sie frei wären von Ehr- und Geldsucht. Ich glaube, allem wäre damit geholfen.

5. April

Kauft man mit dem Geld, nach dem wir verlangen, etwas Kostbares oder Dauerhaftes? Oder wozu wollen wir es? Ach, es ist eine erbärmliche Sattheit, die uns so teuer zu stehen kommt.

6. April

Du höchstes Gut, laß doch einmal eine Zeit kommen, in der ich dir von der großen Summe, die ich dir schulde, wenigstens eine kleine Münze abzahlen kann.

7. April

Füge es nach deinem Willen, Herr, daß diese deine Magd dir wenigstens in etwas diene. Andere aus dem weiblichen Geschlecht haben aus Liebe zu dir Heldentaten vollbracht, ich aber kann nur Worte machen.

8. April

Mein Jesus, bereite meine Seele und stärke sie und verschaffe ihr dann Gelegenheit, etwas für dich zu tun. Wer könnte es ertragen, soviel von dir zu empfangen, ohne dir dafür etwas zu geben?

9. April

Laß mich nicht mit leeren Händen vor dir erscheinen, koste es mich auch, was es wolle. Hier ist mein Leben, meine Ehre und mein Wille: alles habe ich dir schon gegeben, dein bin ich, verfüge über mich.

10. April

Ich sehe zwar, Herr, wie wenig ich tun kann. Doch wenn ich in deiner Nähe auf jenem Turm stehe, von dessen Höhe aus man die ganze Wahrheit schaut, und wenn du nicht von mir weichst, dann vermag ich alles.

11. April

Die Pein, immer fern von Gott leben zu müssen, würde unsere Furcht vor dem Tod durch das Verlangen nach dem ewigen Leben mindern – wenn wir nur unser Herz frei hielten von verkehrter Anhänglichkeit und unser Glück nicht von irdischen Gütern erwarteten!

12. April

Die Seele gehört Gott. Er trägt Sorge für sie und erleuchtet sie; er steht ihr beständig zur Seite, er beschützt und bewahrt sie, damit sie ihn nicht beleidige; und er stärkt und ermuntert sie zu seinem Dienst.

13. April

Man kann nicht immer den Gedanken an so viele und große Schmerzen, die der Heiland erlitten hat, ertragen. Aber sieh, in der Auferstehung erfährst du ihn ohne alle Pein und voll der Glorie, die einen stärkend, die anderen ermunternd, bis er zum Himmel auffährt.

14. April

Es schmerzt mich sehr, daß so wenige mit mir den Weg in gleicher Sehnsucht nach dem Herrn gehen. Die meisten wollen noch in den irdischen Freuden leben.

15. April

Im allerheiligsten Sakrament ist der Herr unser ständiger Begleiter, dem es unmöglich ist, sich auch nur einen Augenblick von uns zu trennen.

16. April

Der Herr war ohne allen Trost, als man ihn allein ließ in seinem Leiden. Verlassen wir ihn wenigstens nicht!

17. April

Auch für uns kommen Zeiten, wo man nicht auf geistliche Tröstungen warten, sondern das Kreuz umfassen soll, komme, was da wolle.

18. April

Jesus wird uns die Hand reichen, und wir werden höher steigen, als wir durch eigene Anstrengungen es vermöchten; er wird sich aber auch verbergen, wenn er sieht, daß es für uns heilsam ist.

19. April

Man muß sich in Freiheit den Händen Gottes überlassen. Will Gott uns zu Vertrauten seiner Heilsratschlüsse erheben, so laßt uns diesem Ruf gern folgen; wenn nicht, so wollen wir ihm auch in Niedrigkeit gern dienen.

20. April

Gott trägt mehr Sorge für uns als wir selbst, und er weiß, wozu ein jeder tauglich ist. Warum will sich einer noch selbst regieren, der seinen Willen schon ganz Gott hingegeben hat?

21. April

Wenn jemand eine schlechte Stimme hat, so macht er sie doch nicht dadurch gut, daß er sich im Singen sehr abmüht. Will ihm aber Gott eine gute Stimme geben, so braucht er sich nicht erst mit Schreien zu plagen. Bitten wir also Gott um seine Gnade.

22. April

Wenn Gott will, daß die Kröte fliege, wartet er nicht, bis sie sich selbst emporhebt. Für unseren Geist ist es noch schwieriger und härter, sich zu erheben, wenn Gott ihn nicht erhebt. Denn er ist mit Erde beladen und wird von tausend Hindernissen niedergehalten.

23. April

Liebe erweckt wieder Liebe.

24. April

Wir wollen uns bemühen, die große Liebe, die uns Gott gezeigt hat, allezeit vor Augen zu haben. Das wird uns zur Gegenliebe ermuntern.

25. April

Erweist uns der Herr einmal die Gnade, daß sich seine Liebe unserem Herzen einprägt, dann wird uns alles leicht werden; und mit ganz geringer Mühe werden wir in kurzer Zeit viel erreichen.

26. April

Möge Gott uns eine tiefe Liebe verleihen, denn er weiß, wie sehr wir ihrer bedürfen! Möge er sie uns verleihen um der Liebe willen, mit der er uns liebt, und um seines Sohnes willen, der sich ihre Offenbarung viel hat kosten lassen.

27. April

Leider glauben wir noch nicht recht, daß Gott schon in diesem Leben hundert für eins gibt.

28. April

Je nachdem der Herr sieht, wie man ihn aufnimmt, gibt er seine Gnaden und sich selbst. Wer ihn liebt, den liebt er wieder; und welch ein guter Freund ist er!

29. April

Welch großen Reichtum verschafft die Demut.

30. April

Gott gab mir in einem Augenblick die Freiheit, die ich in vielen Jahren trotz aller Anstrengung nicht erreichen konnte; ich konnte sie selbst dann nicht erreichen, wenn ich mir Gewalt antat.

1. Mai

Wenn Gott zum Menschen spricht, kann man es durch nichts verhindern, seine Worte zu vernehmen und zu verstehen.

2. Mai

Gott will, daß wir einsehen: was er will, muß auch geschehen. Und er kann uns diese Einsicht schenken.

3. Mai

Mein Herr, du wahrer und mächtiger Freund! Wenn du willst, kannst du helfen; und du hörst nicht auf, denen zu helfen, die dich lieben.

4. Mai

Alle Geschöpfe sollen dich preisen, du Herr der Welt. Könnte ich es mit der ganzen Welt laut verkünden, wie treu du deinen Freunden bist.

5. Mai

Wenn auch alle Geschöpfe uns verlassen, du, Herr, verläßt uns nie. Nur kurze Zeit läßt du jene leiden, die dich lieben.

6. Mai

Du, Herr, scheinst jene, die dich lieben, nur deshalb so streng zu prüfen, daß sich im Übermaß ihres Leidens das noch größere Übermaß deiner Liebe offenbare.

7. Mai

Mein Gott, hätte ich doch Verstand, Wissenschaft und neue Worte, um deine Werke so zu preisen, wie ich sie erkenne.

8. Mai

Mögen alle Geschöpfe mich verfolgen und die Teufel mich peinigen: du, Herr, verläßt mich nicht. Aus Erfahrung weiß ich, mit welcher Macht du jene befreist, die auf dich allein vertrauen.

9. Mai

Welch guter Gott ist unser Gott! Welch guter und mächtiger Herr ist er! Er gibt nicht nur guten Rat, er spendet zugleich auch die Hilfe; seine Worte sind seine Werke.

10. Mai

Möge uns Gott verleihen, daß wir fürchten, was wir fürchten sollen.

11. Mai

Wie halten uns die bösen Geister in Schrecken, weil wir selbst es bei unserer Anhänglichkeit an Ehre, Reichtümer und Freuden nicht anders wollen. Da freilich fügen sie uns im Bund mit uns selbst großen Schaden zu.

12. Mai

Dadurch, daß wir lieben und verlangen, was wir hassen sollten, sind wir unsere eigenen Gegner. Unsere eigenen Waffen, mit denen wir uns verteidigen sollten, geben wir selbst den bösen Mächten zum Kampf wider uns in die Hand.

13. Mai

Bei Gott gibt es kein Ansehen der Person: er liebt alle. Da ist keiner ausgenommen, so schwach er auch sein mag.

14. Mai

Sollten wir nicht wenigstens mit den Töchtern Jerusalems weinen, wenn wir Jesus schon nicht mit dem Mann von Cyrene das Kreuz tragen helfen? Ob wir wohl mit Vergnügungen und nichtigen Unterhaltungen das erlangen, was er uns durch sein Blut verdient hat?

15. Mai

Welch eine besondere Glorie und welche Freude wird für die Seligen die Erkenntnis sein, daß sie um Gottes willen alles getan, was in ihren Kräften stand, und ihm jedes Opfer brachten, das sie ihm bringen konnten.

16. Mai

Je mehr einer getan hat, desto größer wird auch seine Glorie und seine Freude sein.

17. Mai

Wie reich wird der in der Glorie des Himmels sein, der um Christi willen alle Reichtümer verlassen hat; wie hochgeehrt jener, der um seinetwillen die Ehre verschmäht hat; wie weise jener, der sich freute, daß man ihn für einen Toren hielt; denn auch der, der die Weisheit selbst ist, ließ sich Tor nennen.

18. Mai

Welt, Welt, wie sehr gewinnst du an Ehre, weil es nur wenige gibt, die dich kennen!

19. Mai

Wenn jemand einen Weg oft gegangen ist und ihn bei Tag gesehen hat, dann weiß er auch bei Nacht und im Finstern, wo er anstoßen könnte. Deshalb nimmt er sich vor der Gefahr in acht. Dasselbe gilt auch hier: daß man Gott nicht beleidigt, hat sicher seinen Grund darin, daß jemand im Guten trainiert ist.

20. Mai

Mögen auch noch so viele Leiden über uns hereinbrechen: wenn wir sie dulden, ohne den Herrn zu beleidigen, und uns um seinetwillen darüber freuen, dann sind sie uns der größte Gewinn.

21. Mai

Ich behaupte: Ein Unvollkommener hat mehr Mut nötig, den Weg der Vollkommenheit zu gehen, als plötzlich ein Martyrer zu werden. Denn man erringt die Vollkommenheit nicht in kurzer Zeit, außer wenn der Herr diese Gnade verleihen will.

22. Mai

Wenn die Welt einen Menschen den Weg der Vollkommenheit betreten sieht, dann will sie ihn auf der Stelle auch schon vollkommen haben; sie bemerkt schon auf tausend Meilen einen Fehler an ihm.

23. Mai

Kaum hat die Seele begonnen, auf dem Weg der Vollkommenheit voranzugehen, so will man auch schon, daß sie fliege. Sie hat noch nicht ihre Leidenschaften überwunden, und schon will man, daß sie auch in den schwersten Anfechtungen so fest stehe, wie man es von den Heiligen liest, die bereits in der Gnade befestigt waren.

24. Mai

Wegen unserer schwachen Natur ist es sehr notwendig, daß wir den Mut nicht sinken lassen. Wir müssen ein großes Vertrauen haben und glauben, daß wir den Endsieg durch Beharrlichkeit erringen werden.

25. Mai

Nicht alle, die meinen, von allem losgelöst zu sein, sind es wirklich; und darum dürfen wir uns keiner Leichtfertigkeit hingeben.

26. Mai

Was uns an die vergängliche Welt bindet, ist eine Kette, die Gott allein durchfeilt, vorausgesetzt, daß wir beten und das Unsrige tun.

27. Mai

Manchmal gibt der böse Feind den Menschen ein, sie müßten ihre Ehre schützen. Aber glauben Sie mir, dieser Ameise, durch die der Herr zu Ihnen reden will: Wenn Sie diese Raupe nicht wegschaffen, so wird sie zwar nicht den ganzen Baum verderben, weil immerhin noch einige angefressene Blätter als Reste der Tugenden bleiben. Aber schön ist ein solcher Baum gewiß nicht.

28. Mai

Mit dem Eigendünkel, so unbedeutend er auch scheinen mag, verhält es sich wie mit dem Orgelspielen: Durch eine einzige verfehlte Note oder durch einen einzigen verfehlten Takt wird die ganze Musik verstimmt.

29. Mai

Die Ehrsucht ist in jeder Hinsicht sehr schädlich, auf dem Weg des Gebetes aber ist sie eine Pest.

30. Mai

Wie willst du nach Vereinigung mit Gott streben und den Räten Christi folgen, der mit Schmach und falschen Anklagen beladen worden ist, und zugleich verlangen, daß deine Ehre und dein Ansehen auch nicht im mindesten beeinträchtigt werde? Diese zwei Wege gehen nicht zusammen.

31. Mai

Nur wenn wir uns selbst Gewalt antun und in vielen Dingen unser Recht aufgeben, wird der Herr sich mit uns vereinigen.

1. Juni

Vielleicht sagt einer: ich habe keine Gelegenheit, meiner Ehre zu entsagen und mit Christus Schmach zu leiden. Ich antworte ihm: bist du wirklich fest dazu entschlossen, dann wird der Herr nicht zulassen, daß du eines so großen Gutes beraubt bleibst.

2. Juni

Ich konnte nicht gut singen; wenn ich etwas singen sollte, was ich nicht eingeübt hatte, dann tat ich es sehr ungern, zwar nicht wegen der Fehler in Gegenwart des Herrn – dies wäre eine Tugend gewesen –, sondern darum, weil viele andere mich hörten.

3. Juni

Sobald ich einmal begonnen hatte, mich nicht weiter darum zu kümmern, wenn andere meine Ungeschicklichkeit beim Singen bemerkten, erfüllte ich meine Pflicht weit besser. Die Ehrsucht hatte mich unfähig gemacht; diese setzt nämlich jeder in das, was ihm gefällt.

4. Juni

Durch das Verrichten kleiner, unbedeutender Dinge schreitet man allmählich voran, so daß man sich zuletzt auch zu größeren entschließt. So unbedeutend diese Dinge auch scheinen mögen, Gott schlägt sie doch hoch an, wenn sie um seinetwillen geschehen; und der Herr hilft dann, noch größere zu vollbringen.

5. Juni

Wie klar hat es sich gezeigt, daß du, mein Gott, mich weit mehr liebst, als ich mich selbst liebe.

6. Juni

Wenn wir eine besonders geliebte Person in einem großen Leid sehen, so bewegt uns schon unsere Natur zum Mitleid. Wie könnten wir da gleichgültig den Anblick eines Menschen ertragen, der die allergrößte Trübsal, die Trennung von Gott, unaufhörlich erleidet?

7. Juni

Ich weiß nicht, wie wir ruhig zusehen können, daß der böse Feind täglich so viele an sich zieht.

8. Juni

Gefährlich ist es, wenn wir mit uns selbst zufrieden sind.

9. Juni

O große Güte und Menschenfreundlichkeit Gottes! Du siehst nicht auf die Worte, sondern auf das Verlangen und den Willen, aus dem man sie spricht.

10. Juni

Mein Jesus, was vermag doch eine Seele, die von deiner Liebe entzündet ist!

11. Juni

Groß ist es, wenn der Herr Licht verleiht, um zu begreifen, wie viel durch Leiden um seinetwillen zu gewinnen ist. Man erkennt dies aber erst dann vollkommen, wenn man alles verläßt.

12. Juni

Wer noch an etwas hängt, beweist dadurch, daß er es besitzen möchte. Wer aber etwas besitzen möchte, den bedrückt es, es verlassen zu müssen; und dann ist schon alles verloren.

13. Juni

Es gibt ein Sprichwort: „Verloren ist, wer einem Verlorenen nachgeht." Und wie könnte es einen größeren Verlust, eine größere Blindheit, ein größeres Unglück geben, als wenn man das hochschätzt, was nichts ist.

14. Juni

Mein Herr, wie zeigst du so klar, daß du allmächtig bist. Über alle natürliche Vernunft hinaus hast du alles so angeordnet, daß man einsieht: man braucht in Wahrheit nur dich zu lieben und alles um deinetwillen in Wahrheit zu verlassen, dann machst du alles leicht.

15. Juni

Du machst der Mühe in deinem Gesetz ein Ende, Herr; denn ich sehe keine. Und ich kann mir auch nicht denken, wie der Weg, der zu dir führt, schmal sein soll.

16. Juni

Wer dich, mein höchstes Gut, in Wahrheit liebt, der wandelt sicher auf breiter und königlicher Straße, fern von jedem Abgrund. Und ist er auch nur ein wenig gestrauchelt, so reichst du ihm schon deine Hand.

17. Juni

Ein Fall, selbst mehrere Fälle richten den Menschen nicht zugrunde, wenn er nur Liebe zu dir und nicht zu den Dingen der Welt trägt.

18. Juni

Ich kann nicht begreifen, warum man sich fürchtet, den Weg der Vollkommenheit einzuschlagen. Der Herr lasse uns in seiner Güte doch erkennen, wie falsch es ist, dem großen Haufen nachzulaufen, wie dagegen wahre Sicherheit nur darin zu finden ist, auf dem Weg Gottes immer mehr und immer sorgfältiger voranzuschreiten.

19. Juni

Wir wollen unsere Augen auf den Herrn richten und nicht fürchten, daß die Sonne der Gerechtigkeit untergehe und uns im Finstern wandeln lasse. Wir gehen nur zugrunde, wenn wir den Herrn verlassen.

20. Juni

Man fürchtet sich nicht, unter Löwen zu wandeln, von denen uns jeder in Stücke reißen kann. Es sind dies Ehrsucht, Wollust und andere Freuden, wie die Welt sie nennt. Auf dem Weg der Vollkommenheit scheint der böse Feind aber zu bewirken, daß man selbst ein Mäuslein fürchtet.

21. Juni

In diesem Leben gibt es keine sichere Freude und keinen andauernden Bestand. Wenn wir doch die Ereignisse unseres Lebens aufmerksam betrachteten! Wie bald würde dann jeder die Erfahrung machen, daß in diesem Leben Freude und Leid gering zu achten sind.

22. Juni

Selbst der geringste Mangel in *einer* Tugend reicht schon aus, um alle übrigen einzuschläfern.

23. Juni

Durch den Anblick des Herrn nahm meine Liebe und mein Vertrauen zu ihm sehr zu: obgleich Gott, ist er doch auch Mensch, den die Schwachheit der Menschen nicht enttäuscht. Er kennt unsere armselige Natur, die infolge der ersten Sünde oft fällt. Die erste Sünde zu heilen, ist er ja in die Welt gekommen.

24. Juni

Obgleich Jesus der Herr ist, kann ich ihm doch wie einem Freund begegnen. Ich sehe, daß er nicht wie die irdischen Herren ist, die ihre ganze Herrlichkeit auf ein geborgtes Ansehen gründen.

25. Juni

König der Ehre und Herr aller Könige! Dein Reich ist nicht auf Erbärmlichkeit gegründet. Bei dir braucht man keine Mittelsperson. Wer dich nur anschaut, ist überzeugt, daß du allein den Namen „Herr“ verdienst.

26. Juni

Mein König, wenn ich doch nur deine Herrlichkeit schildern könnte. Man kann unmöglich verkennen, daß du der große Gebieter bist, denn dein Anblick versetzt in Staunen.

27. Juni

Mehr als über deine Herrlichkeit muß man über deine Liebe staunen, die du uns zeigst. Man kann sich mit dir über alles unterhalten und nach Belieben besprechen.

28. Juni

Der Herr will manchmal, daß wir im Dunkeln wandeln und das Licht nicht sehen.

29. Juni

Wenn jemand zu einem Land aufbricht, in dem er beheimatet werden will, dann überwindet er die Beschwerden des Weges viel leichter, wenn er weiß, daß dieses Land ihm eine wahre Ruhestatt bietet.

30. Juni

Gottes Wahrheit ist die Wahrheit in sich, ohne Anfang und ohne Ende, und alle anderen Wahrheiten entquellen dieser Wahrheit, wie alle Liebe dieser Liebe und alle Herrlichkeiten dieser Herrlichkeit entquellen.

1. Juli

Der heilige Augustinus schreibt, daß er Gott weder auf den öffentlichen Plätzen noch in den Vergnügungen noch auch sonst so gefunden habe wie in seinem Innern.

2. Juli

Es ist nicht auszudenken, wie schwer vor Gott eine Todsünde wiegt und wie unvereinbar sie mit dem göttlichen Wesen ist. Wie viel heller leuchtet die Barmherzigkeit Gottes, da er uns doch erträgt.

3. Juli

Einmal sprach der Herr voll Liebe zu mir, ich sollte mich nicht betrüben, in diesem Leben könnten wir nicht immer in demselben Zustand bleiben. Bald wäre ich voll Eifer, bald ohne Eifer; bald von Unruhe gequält und von Versuchungen bestürmt, bald in Ruhe. Ich sollte aber auf ihn hoffen und keine Furcht haben.

4. Juli

Wer sich dem Gebet zu widmen beginnt, muß allein danach streben, seinen Willen dem Willen Gottes zu unterwerfen. Mit allem Fleiß und Eifer, mit aller nur möglichen Entschlossenheit muß er sich darauf einstellen.

5. Juli

Wer seinen Willen am vollkommensten in Übereinstimmung mit dem Willen Gottes bringen kann, der wird am meisten des Herrn teilhaftig.

6. Juli

Wenn wir den Herrn nicht im eigenen Haus haben und nicht dafür sorgen, daß er darin herrscht, so werden wir ihn auch in fremden Häusern nicht finden.

7. Juli

Friede, Friede! Mit diesem Wort ermahnte der Herr so oft seine Jünger. Wie können wir hoffen, in anderen Häusern Ruhe zu finden, wenn wir sie im eigenen Haus nicht finden können.

8. Juli

Gegen den Rückschritt gibt es kein Mittel (außer dem einen, daß man von vorne anfängt) und man erleidet von Tag zu Tag einen immer schlimmeren Verlust. Gebe Gott, daß man es wenigstens merkt.

9. Juli

Der Gedanke, wir könnten in den Himmel kommen, ohne in uns zu gehen, ohne uns selbst zu erkennen, ohne unsere Schwachheit und unsere Schuld vor Gott zu bedenken und ohne ihn oft um Erbarmen zu bitten, ist dumm und widersinnig.

10. Juli

Der Herr sagt selbst: „Wer mich sieht, sieht meinen Vater." Wenn wir ihn also nie anschauen, wenn wir den Tod nie betrachten, den er für uns gelitten hat, wenn wir nie bedenken, was wir ihm schulden – wie könnten wir dann den Vater erkennen und in seinem Dienst etwas leisten.

11. Juli

Bringt der Glaube keine Werke hervor und kommt zu ihm nicht der Wert der Verdienste unseres Herrn Jesus Christus hinzu – welchen Wert könnten die Werke haben, und wer erweckte unsere Liebe zu diesem Herrn?

12. Juli

Als Jesus ihm sagte, was er tun müsse, um vollkommen zu sein, kehrte der Jüngling im Evangelium dem Herrn den Rücken und ging traurig fort. Wenn wir genau so handeln – was erwarten wir dann vom Herrn, der den Preis nach dem Maß unserer Liebe zu ihm verteilen wird?

13. Juli

Unsere Liebe zu Gott darf nicht das Werk unserer Einbildung sein; sie muß vielmehr durch Taten bewiesen werden. Denkt aber nicht, daß der Herr unserer Werke bedarf; er braucht die Entschlossenheit unseres Willens.

14. Juli

Wir lieben die Freude mehr als das Kreuz. Herr, der du die Wahrheit bist, prüfe du uns, damit wir uns selbst erkennen.

15. Juli

Oft will Gott, daß seine Auserwählten ihre eigene Armseligkeit fühlen, und darum entzieht er ihnen ein wenig seine Gunst. Mehr braucht es für gewöhnlich nicht, damit wir sehr rasch zur Selbsterkenntnis finden.

16. Juli

Ich wollte, wir hätten die rechte Liebe, dann würden wir uns nicht damit begnügen, Gott immer nur langsam, Schrittchen für Schrittchen zu dienen. Denn so nimmt der Weg für uns nie ein Ende.

17. Juli

Übergeben wir unsere Vernunft und auch unsere Ängste in die Hand des Herrn und vergessen wir die natürliche Schwachheit, die uns so viel zu schaffen macht.

18. Juli

Komme, was da will – wir wollen nur unserem Herrn entgegeneilen, um ihn zu schauen.

19. Juli

Die Vervollkommnung besteht nicht im Streben nach Glück, sondern darin, daß man mehr liebt und daß man gerechter und wahrhaftiger handelt.

20. Juli

Wenn wir dem Eigenwillen folgen, kommen wir gewöhnlich zu Schaden.

21. Juli

Schauen wir auf unsere eigenen Fehler und lassen wir die fremden auf sich beruhen.

22. Juli

Der Herr gibt seine Gaben, wann er will und wie er will und wem er will. Das ist für niemand eine Kränkung; denn alles ist sein Eigentum, über das er frei verfügen kann.

23. Juli

Es kommt nicht darauf an, viel zu denken, sondern viel zu lieben. Darum tut das, was in euch am meisten Liebe weckt.

24. Juli

Liebe besteht nicht im Streben nach größerem Glück, sondern in der größeren Entschlossenheit, Gott in allem erfreuen zu wollen und sich mit ganzer Kraft darum zu bemühen, daß wir ihn nicht betrüben.

25. Juli

Glaubt nicht, der Fortschritt beim Gebet hänge davon ab, daß man an gar nichts anderes denkt, und es sei alles verloren, wenn ihr ein wenig zerstreut werdet.

26. Juli

Es wäre schlimm, wenn ich mich durch Zerstreutheit beim Gebet verwirren ließe. Wir sollen uns nichts daraus machen; wenn der Satan sie uns eingibt, wird er schon einmal damit aufhören. Wir brauchen nur Geduld und Liebe zu Gott.

27. Juli

Erkennen wir unsere Dürftigkeit und sehnen wir uns dorthin, wo niemand uns verächtlich macht.

28. Juli

Jede Unruhe und jeden Streit kann man erdulden, wenn wir dort, wo wir wohnen, Ruhe finden. Doch wenn wir ausruhen wollen von den tausend Drangsalen und der Herr uns die Rast bereiten will und etwas in uns selbst diese verwehrt, dann muß das für uns sehr schmerzlich und unerträglich sein.

29. Juli

Lassen wir die Klappermühle ruhig weiterrattern, und mahlen wir unbeirrt unser Mehl, indem wir die Tätigkeit unseres Willens und unseres Verstandes nicht aufgeben.

30. Juli

Wir laufen hier herum wie dumme Hirtenstoffel. Wir meinen, etwas von dir erfassen zu können, dabei ist es soviel wie nichts. In uns selbst sind große Geheimnisse, die wir nicht verstehen. Ich sage: „Soviel wie nichts", im Vergleich zu der unendlichen Vielfalt, die in dir ist, Herr.

31. Juli

Durch Demut läßt der Herr sich alles abringen, was wir von ihm wollen.

1. August

Der Herr weiß besser, was gut für uns ist und wer ihn wirklich liebt. Ich kenne Menschen, die den Weg der Liebe gehen, wie sie sollen, allein um ihrem gekreuzigten Christus zu dienen.

2. August

Im eigenen Innern findet man Gott weit besser und mit mehr Nutzen als in allen Geschöpfen draußen.

3. August

Wer sich auf der Stufe des inneren Gebetes befindet, dem rate ich mit Nachdruck, jede Gelegenheit zu meiden, durch die er Gott beleidigen könnte. Hier ist man noch nicht erwachsen, sondern wie ein Kind, das eben zu saugen begonnen hat. Entfernt es sich von den Brüsten seiner Mutter – was hat es anderes zu erwarten als den Tod?

4. August

Der Herr möge uns den Weg weisen und uns Kraft verleihen, daß wir graben können, bis wir den verborgenen Schatz finden! Er liegt wirklich und wahrhaftig in uns selbst.

5. August

Wem Gott keine körperlichen Kräfte schenkt, der bedarf ihrer auch nicht. Der Herr ist zufrieden, wenn jeder gibt, was er hat.

6. August

Die Seele erhält reichen Gewinn, weil Gott in ihr wirkt. Was wird er uns nicht alles schenken, er, der das Geben liebt und alles geben kann, was er will!

7. August

Auch der Teufel kann die Menschen entrükken, aber zu nichtigen Dingen, wenn man diese heftig liebt. Doch er tut es nicht auf dieselbe Weise wie Gott, nicht mit diesem Frieden und dieser Freude. Die Vereinigung mit Gott übersteigt alle Lust der Welt.

8. August

Um uns seine Wunder besser zeigen zu können, will Gott, daß wir uns ihm völlig ergeben.

9. August

Wie viel werden wir schauen, wenn wir nichts anderes schauen wollen als unsere Niedrigkeit: wenn wir nur erkennen, daß wir nicht würdig sind, Knechte eines so großen Herrn zu sein, und nicht fähig sind, seine Wunder zu fassen.

10. August

Schnell an die Arbeit, daß wir uns unserer Eigenliebe und unseres Willens entledigen; wir wollen Buße tun, beten und Gehorsam üben. Und ihr werdet merken, daß wir von Gottes Größe so umschlossen sind wie das Räuplein in seiner Hülle.

11. August

Immer muß der Mensch bestrebt sein, im Dienst Gottes und in der Selbsterkenntnis voranzukommen.

12. August

Viele wird es geben, die der Herr zu seinen Jüngern beruft, wie den Judas, die er zu Königen machen will, wie den Saul, und die danach durch eigene Schuld verlorengehen. Daraus ersehen wir: der einzig sichere Weg, nicht verlorenzugehen, besteht darin, daß wir nicht von der Satzung Gottes abweichen.

13. August

Wenige von uns werden es erreichen, in diesem Leben ganz eins mit Gott zu sein, obwohl man meint, es sei alles getan, wenn man sich davor hütet, Gott zu beleidigen, und sich einem kirchlichen Leben weiht. O, es ist einiges Gewürm geblieben.

14. August

Das Gewürm in uns bemerkt man erst, wenn es – gleich jenem Wurm, der den Efeu des Jonas zernagte – die Tugenden angefressen hat durch Eigenliebe, Eigendünkel, Richten über den Nächsten, Mangel an Liebe zum anderen, den wir nicht so gern haben wie uns selbst.

15. August

Wenn wir auch mühsam und schleppend der Pflicht nachkommen, nicht zu sündigen, so gelangen wir damit noch lange nicht so weit, daß wir völlig mit dem Willen Gottes übereinstimmen.

16. August

Was wird wohl der Wille Gottes sein? Daß wir vollkommen sind, um eins zu sein mit ihm und dem Vater. Schaut, wieviel uns noch fehlt, bis wir dorthin gelangt sind!

17. August

Der Herr muß uns keine großen Geschenke geben. Es genügt, daß er uns seinen Sohn geschenkt hat, der uns den Weg weisen soll.

18. August

Der Herr verlangt zwei Dinge von uns: Liebe zu ihm und zum Nächsten. Darum haben wir zu ringen. Üben wir sie aufrichtig, dann erfüllen wir seinen Willen und sind eins mit ihm.

19. August

Wie weit sind wir davon entfernt, das zweifache Gebot der Liebe so zu erfüllen, wie wir es einem solch großen Gott schulden.

20. August

Das sicherste Merkmal, daß wir das Gebot der zweifachen Liebe erfüllen, ist die treue Liebe zum Nächsten. Denn ob wir Gott lieben, kann man nicht wissen; aber ob wir den Nächsten lieben, das merkt man.

21. August

Je mehr man in der Nächstenliebe Fortschritte macht, um so tiefer ist die Liebe zu Gott, denn er liebt uns so sehr, daß er als Lohn für unsere Liebe zum Nächsten unsere Liebe zu ihm tausendfach wachsen läßt.

22. August

Mit großer Aufmerksamkeit müssen wir auf die Nächstenliebe achten. Wenn wir es hier zur Vollkommenheit bringen, ist alles gewonnen. Ich glaube nämlich: weil wir von Natur aus böse sind, kann unsere Liebe zum Nächsten nie vollkommen sein, wenn sie nicht aus der Wurzel unserer Liebe zu Gott erwächst.

23. August

Groß ist die List und Tücke des Satans, der die Hölle in Bewegung setzt, um uns glauben zu machen, wir hätten eine Tugend, die wir in Wirklichkeit gar nicht besitzen. Er richtet damit viel Schaden an, weil diese eingebildeten Tugenden, ihrer Herkunft entsprechend, stets von Ehrsucht begleitet sind.

24. August

Wenn ich Menschen sehe, die sich emsig um das Gebet bemühen und mit niedergeschlagenen Augen und fest verschlossenem Gesicht darin verharren (so daß es scheint, als wagten sie nicht, sich zu rühren, damit ihnen ja kein bißchen Andacht entgehe), so zeigt mir das, wie wenig sie von dem Weg wissen, auf dem man zur Vereinigung mit Gott gelangt. Werke will der Herr!

25. August

Wenn du hörst, daß jemand sehr gelobt wird, dann freue dich darüber mehr, als wenn man dich lobte. Das ist wahrlich nicht schwer; denn wer Demut besitzt, dem wird es eher peinlich sein, wenn man ihm Lob spendet.

26. August

Bittet den Herrn, daß er euch die Vollkommenheit der Liebe zum Nächsten schenke. Und laßt ihn machen! Er wird euch mehr schenken, als ihr wünschen könnt.

27. August

Trachtet danach, dem Nächsten die Mühe abzunehmen und sie euch selbst aufzuladen. Denkt nicht, daß ihr die Nächstenliebe umsonst bekommt und sie euch fertig in den Schoß fällt. Schaut, was Jesus die Liebe zu uns gekostet hat!

28. August

Das vorzüglichste Mittel, uns vor dem Fall zu bewahren, besteht in der ständigen Bitte an Gott im Gebet, er möge uns an seiner Hand halten. Bedenken wir, wie wir in den Abgrund stürzten, wenn er uns losließe!

29. August

Der große Gott will, daß wir ihn als den König erkennen und unsere Niedrigkeit begreifen.

30. August

Wir sollen die Geheimnisse Gottes nicht zu ergründen suchen. Glauben wir, daß er mächtig ist, so ist es klar, daß ein Wurm mit einer so bescheidenen Kraft wie der unsrigen seine Größe nicht erfassen kann. Loben wir ihn von Herzen für seine Güte!

31. August

Bedenkt: Wer viel schuldet, muß viel bezahlen!

1. September

Armer, kleiner Falter, festgehalten von so vielen Fesseln, die dich nicht fliegen lassen, wohin du willst! Hab Mitleid mit ihm, mein Gott! Gebrauche deine Macht, damit er ein wenig seiner Sehnsucht folgen kann, zu deiner Ehre und zu deinem Ruhm!

2. September

Du hast die Gewalt, Herr, das große Meer und die Fluten des Jordans zurückweichen zu lassen, so daß die Kinder Israels hindurchziehen können.

3. September

Der Herr gebe uns, was er will, sei es Wasser oder Dürre. Er weiß, was gut für uns ist. Denken wir so, dann werden wir sorglos unseren Weg gehen, und der Satan hat weniger Gelegenheit, uns in eine Falle zu locken.

4. September

Wir dürfen nicht auf Wunder warten. Der Herr wird sie uns schenken, wann es ihm beliebt.

5. September

Meditation nenne ich ein langes Nachsinnen mit dem Verstand. Wir denken an die Gnade, die uns Gott erwies, als er uns seinen einzigen Sohn gab, und gehen weiter zu den Geheimnissen seines glorreichen Lebens.

6. September

Das Leben ist lang und bringt viele Mühsale; wir müssen auf Christus, unser Vorbild, schauen. Wir müssen auf seine Apostel und Heiligen sehen, um die Leiden in Liebe zu ertragen.

7. September

An Jesus haben wir einen sehr guten Gefährten. Nie sollten wir uns von ihm und seiner heiligsten Mutter trennen.

8. September

Herr, wie wenig kennen wir dich! Was wird geschehen, wenn du eines Tages als Richter kommst? Wie wird es sein, wenn du mit strenger Stimme sprichst: „Geht, die ihr von meinem Vater verdammt seid"?

9. September

Manchmal zeigt Gott plötzlich und in unaussprechlicher Weise in sich selbst eine Wahrheit, die alles zu verdunkeln scheint, was an Wahrheit in den Geschöpfen ist. Mit höchster Klarheit gibt er zu erkennen, daß nur ER Wahrheit ist. Dann begreift man genau, was David in seinem Psalm sagt: daß jeder Mensch lügnerisch ist.

10. September

Daß Gott reine Wahrheit ist, hat man zwar oft gehört; aber niemals würde man es so erkennen, wenn er es uns nicht zeigte. Es ist eine unanfechtbare Wahrheit. Ich erinnere mich dabei an Pilatus und überlege, wie viel seine Frage an unseren Herrn ausdrückte: „Was ist Wahrheit?" Wie wenig erfassen wir von dieser höchsten Wahrheit.

11. September

Um mit unserem Gott übereinzustimmen, tun wir gut daran, uns ständig mit Eifer um den Wandel in seiner Wahrheit zu mühen.

12. September

Wandel in Gottes Wahrheit: Ich meine damit, daß wir keine Lüge aussprechen und immer wahrhaftig vor Gott und den Menschen sind.

13. September

Wandel in Gottes Wahrheit: Wir sollen nicht für besser gelten wollen, als wir sind, Gott den Anteil an unseren Werken zuschreiben, der ihm gebührt, und uns selbst das, was unser ist.

14. September

Immer sollen wir danach streben, die Wahrheit zu erkennen. Dann werden wir diese Welt geringachten, wo alles Falschheit ist und die darum nicht dauern kann.

15. September

Wandel in der Wahrheit: Ich überlegte mir einmal, warum unser Herr so sehr die Tugend der Demut liebte. Da kam ganz unvermittelt die Einsicht: weil Gott die höchste Wahrheit, die Demut aber nichts anderes ist als in Wahrheit wandeln.

16. September

Wandel in der Wahrheit: Es ist gewiß, daß wir in uns selbst nichts Gutes haben, sondern nur Armseligkeit und Nichtigkeit. Wer dies nicht erkennt, wandelt in der Lüge.

17. September

Möge uns Gott die Gnade erweisen, der Selbsterkenntnis nicht davonzulaufen!

18. September

O mein Gott, wie bedrängst du, die dich lieben! Doch alles ist gering im Vergleich zu dem, was du ihnen später schenkst. Es ist richtig: etwas, was viel wert ist, kostet auch viel; vor allem, wenn es die Läuterung der Seele bewirkt.

19. September

Die Größe Gottes hat keine Grenzen, und ebenso unbegrenzt sind Gottes Werke.

20. September

Gott, wer könnte die Taten deines Erbarmens und deiner Herrlichkeit je zu Ende erzählen?

21. September

Viel größer als die Verpflichtung, einem Verhungernden zu helfen, ist das Gebet für die in Todsünde Lebenden. Es ist die beste Gabe der Nächstenliebe. Um der Liebe Gottes willen bitte ich euch, daß ihr bei euren Gebeten auch immer an solche Menschen denkt.

22. September

Wer nicht alles auf einmal tun kann, der vollbringe eines nach dem anderen. Er versuche, dem eigenen Willen zu entsagen, wenn er will, daß das Gebet ihm hilft.

23. September

Wißt ihr, was es heißt, wirklich geistlich zu leben? Zu Sklaven Gottes werden – gezeichnet mit seinem Brandmal.

24. September

Das Bauwerk geistlichen Lebens hat Demut zum Fundament, und wenn diese nicht wirklich und tatsächlich vorhanden ist, so wird der Herr den Bau nicht sehr weit in die Höhe führen; sonst würde nämlich alles einstürzen.

25. September

Um gute Fundamente zu legen, müßt ihr danach streben, der Geringste zu sein und der Sklave aller. Ihr müßt anderen Freude bereiten und ihnen dienen.

26. September

Was ihr im Dienst für die anderen tut, das leistet ihr mehr für euch als für sie. Da legt ihr nämlich so feste Steine, daß eure Burg nicht einstürzt.

27. September

Ihr könnt euer Fundament nicht allein durch Gebet und Meditation legen. Wenn ihr nicht nach Tugenden strebt und euch darin übt, werdet ihr immer Zwerge bleiben.

28. September

Gebe Gott, daß das Wachsen nimmer stockt. Denn ihr wißt: Wer nicht wächst, schrumpft ein. Es ist unmöglich, daß die Liebe sich damit begnügt, ständig auf der Stelle zu treten.

29. September

Wenn die Seele eins geworden ist mit dem Starken, wird sie durch diese Vereinigung erfahren, wie Stärke auf sie übergeht.

30. September

Der Satan erregt manchmal in uns den Wunsch nach gewaltigen Taten, damit wir nicht nach dem Nächstliegenden greifen. So versäumen wir es, Gott mit dem Möglichen zu dienen, und begnügen uns am Ende damit, daß wir das Unmögliche ersehnen.

1. Oktober

Bauen wir keine Türme ohne Fundament; denn der Herr sieht nicht so sehr auf die Größe der Werke als auf die Liebe, mit der sie getan werden. Tun wir, was wir können, dann wird er uns ermöglichen, daß wir jeden Tag mehr vollbringen.

2. Oktober

Laßt uns nicht gleich müde werden, sondern in der kurzen Zeit, die dieses Leben noch währt – und vielleicht ist sie kürzer, als der einzelne denkt –, dem Herrn das Opfer darbringen, das wir ihm bieten können.

3. Oktober

Der Herr wird unser Opfer zu dem hinzutun, was er selbst am Kreuz dem Vater um unsertwillen dargebracht hat, damit unsere Gabe den Wert erlangt, den unser Wollen verdient.

4. Oktober

Wer sich am Gekreuzigten erfreuen will, der muß ihm das Kreuz nachtragen.

5. Oktober

Jene, die Gott liebt, führt er denselben Weg wie seinen eingeborenen Sohn.

6. Oktober

Kümmert euch um nichts! Denn der Herr wird alles in dem Augenblick in Ordnung bringen, in dem man nicht daran denkt.

7. Oktober

Wenn man einsieht, daß die Prüfungen nur zur Läuterung dienen und daß schließlich Gott doch wieder seinem Diener beisteht, dann gibt es keinen Grund zur Betrübnis.

8. Oktober

Vertrauen Sie auf den Herrn! Denn zu einer Zeit, wo Sie es nicht vermuten, werden Sie Ihre Wünsche erfüllt sehen. Gott erhalte Sie und verleihe Ihnen die Heiligkeit, um die ich für Sie zu ihm bete.

9. Oktober

Der Herr will, daß wir leiden, da niemand für die Wahrheit eintritt.

10. Oktober

Wie wenig Freunde hat man doch in der Zeit der Not!

11. Oktober

Es befällt mich große Beschämung, wenn ich daran denke, welch hohes Lob uns diese Herren (die ein Gutachten über das Reformwerk Teresas abgegeben haben) gespendet haben. Dadurch haben wir die schwere Verpflichtung, so zu wirken, wie sie uns geschildert haben; sonst würden wir sie Lügen strafen.

12. Oktober

Der Herr will den Menschen oft nur prüfen, ob seine Werke mit seinen Entschlüssen und Worten übereinstimmen. Scheint der Herr auch auf dem Meer zu schlafen, so wird er doch, wenn der Sturm entfesselt ist, den Winden Ruhe gebieten.

13. Oktober

Der Herr will, daß wir ihn bitten, und er liebt uns so sehr, daß er uns unablässig zum Fortschritt verhelfen will.

14. Oktober

Würde Gott seine Hand von uns zurückziehen – zu welchen Schlechtigkeiten wären wir dann fähig!

15. Oktober

Die in Wahrheit nach Leiden verlangen, sollen keinen Groll gegen jene hegen, die ihnen Übles zufügen. Sie sollen sie vielmehr noch mehr lieben. Nur so kann Leiden fruchtbar sein.

16. Oktober

Gott zahlt immer hundert für eins.

17. Oktober

Die Wahrheit kann leiden, doch sie geht nicht unter. So hoffe ich, der Herr werde sie mehr ans Licht bringen.

18. Oktober

Wollten wir uns nur die Kreuze auswählen, die nach unserem Geschmack sind, und die anderen von uns weisen, so würden wir damit nicht unserem Herrn nachfolgen, der in der bittersten Erfahrung seines Leidens am Ölberg sein Gebet mit den Worten schloß: Dein Wille geschehe.

19. Oktober

Ich bin erstaunt, daß Sie bei Ihrem so innigen Verlangen, Gott zu dienen, ein so kleines Kreuz für so beschwerlich halten. Sie werden natürlich gleich mit der Antwort zur Hand sein, daß Sie nur deshalb von diesem Kreuz befreit zu sein wünschten, um Gott besser dienen zu können. Wie schlecht kennen wir uns selbst! In all dem steckt immer noch ein Stück falscher Eigenliebe.

20. Oktober

Die Menschen sind wie ein dürrer Rosmarinstengel, und man hat keine Sicherheit, wenn man sich auf sie verläßt; denn sie brechen unter der geringsten Last des Widerspruchs oder der Verleumdung zusammen.

21. Oktober

Um sich vor dem Fall zu bewahren, muß man das Kreuz umfassen und auf den vertrauen, der an ihm gehangen hat. Ich finde an ihm einen wahren Freund.

22. Oktober

Wie kannst du leben fern von dem, der dein Leben ist? Womit beschäftigst du dich in einer so großen Vereinsamung? Was tust du, da alle deine Werke so mangelhaft sind? Was tröstet dich auf diesem ungestümen Meer?

23. Oktober

Wer kann ohne Furcht auf deinen Wegen wandeln? Ich fürchte, dir nicht zu dienen; und wenn ich dir auch dienen will, so finde ich nichts, womit ich dir etwas von dem abzahlen kann, was ich dir schuldig bin.

24. Oktober

Ich glaube zwar den Willen zu haben, um auf deinen Wegen zu wandeln. Wenn ich jedoch meine Armseligkeit betrachte, dann sehe ich ein, daß ich nichts Gutes tun kann, wenn du es mir nicht gibst.

25. Oktober

Wie verschieden sind die Wirkungen der mächtigen Gottesliebe von den Wirkungen der Weltliebe! Diese will keine Mitliebenden haben, weil sie fürchtet, durch sie ihres Besitzes beraubt zu werden. Die Liebe zu Gott aber wächst in dem Grade, in dem die Zahl der Mitliebenden sich vermehrt; und ihre Seligkeit wird abgeschwächt, wenn sie sieht, daß nicht alle nach demselben Gut verlangen.

26. Oktober

Herr, wer den Nächsten nicht liebt, liebt auch dich nicht. Welch große Liebe zu den Kindern Adams hast du durch dein Blutvergießen bekundet.

27. Oktober

Betrachte ich die Herrlichkeit, die du, mein Gott, denen bereitet hast, die in deinem Willen wandeln; denke ich an die vielen Schmerzen, durch die dein Sohn uns diese Herrlichkeit erworben hat; erwäge ich, wie wir dessen so ganz und gar nicht würdig waren, und welch großen Dank dein Sohn für eine so große Liebe verdient, so gerate ich darüber in große Bestürzung. Wie kann ich nur dies alles vergessen!

28. Oktober

Wie schnell vergessen die Menschen doch deine Liebe, wenn sie dich beleidigen. Mein Erlöser, wie sehr vergessen sie die Größe deiner Güte, die du uns immer wieder schenkst.

29. Oktober

Selbst dann, wenn wir dir durch den Fall in die Sünde einen tödlichen Streich versetzt haben, vergißt du die Beleidigungen. Du reichst uns wieder deine Hand und weckst uns aus einem so unheilbaren Wahnsinn auf, daß wir uns wieder um unser Heil kümmern und darum bitten.

30. Oktober

Gepriesen sei deine große Erbarmung und gelobt in Ewigkeit deine Liebe!

31. Oktober

Ich bekenne deine große Macht, o Herr!
Laß mich fest glauben, daß du alles kannst, was du willst.

1. November

Je mehr ich von deinen Wunderwerken höre und je mehr ich erwäge, was du vollbringen kannst, um so fester wird mein Glaube und zuversichtlicher mein Vertrauen, daß du meine Bitten erfüllst. Wie muß man sich wundern über das, was der Allmächtige vollbringt!

2. November

Herr, wie kann ich es wagen, dich um Gnade zu bitten, nachdem ich dir schlecht gedient habe und deine Gaben so wenig bewahrt? Was kann man einem Menschen anvertrauen, der sich schon so oft als Verräter erwiesen hat?

3. November

Was soll ich tun, du Trost aller Trostlosen, du Heil aller, die bei dir Heil suchen? Wäre es vielleicht besser, dir meine Nöte zu verschweigen und zu warten, bis du Hilfe sendest? Nein, gewiß nicht. Denn du kennst unsere Not. Du sagst selbst, wir sollen bitten, und du wirst uns mit Gaben überschütten.

4. November

Wie der heilige Augustinus, so bitte auch ich dich: Gib du mir, was ich dir geben soll, um dir von meiner großen Schuld etwas abtragen zu können. Denk daran, daß ich dein Geschöpf bin; laß mich dich, meinen Schöpfer, erkennen, damit ich dich liebe.

5. November

O Tod, ich weiß nicht, warum man dich fürchtet, da doch in dir das Leben ist! Aber wie sollte der dich nicht fürchten, der einen Teil seines Lebens damit verbracht hat, ohne seinen Gott zu leben?

6. November

Laß nur den Willen Gottes an dir geschehen; das ist dir heilsam! Diene dem Herrn und hoffe auf seine Barmherzigkeit; sie wird deine Leiden mindern.

7. November

Verlange nicht, die ewige Gemeinschaft mit Gott zu erlangen, ohne gelitten zu haben. Doch auch dies vermag ich nicht, wenn nicht deine allmächtige Hand, mein Herr, und deine Kraft mir beistehen! Mit diesem Beistand aber kann ich alles.

8. November

Du meine Hoffnung! Überdenke ich die Worte, die du gesprochen hast: „Meine Wonne ist es, bei den Menschenkindern zu sein", dann werde ich hocherfreut. Wie sind diese Worte doch geeignet, jeden vor Verzagtheit zu bewahren!

9. November

Betrachte die große Liebe und Freude des Vaters in der Erkenntnis seines Sohnes und des Sohnes in der Erkenntnis seines Vaters; betrachte die flammende Liebe, in der sich der Heilige Geist mit ihnen vereint! Keine dieser Personen kann sich von dieser Erkenntnis und Liebe zurückziehen, weil sie ein Wesen sind.

10. November

Die göttlichen Personen erkennen und lieben sich und haben ihre Freude aneinander. Wie kannst dann du, mein Gott, noch meiner Liebe bedürfen? Wozu willst du sie oder was hast du von ihr?

11. November

Freue dich, daß es eine Liebe gibt, die deinen Gott so liebt, wie er es verdient. Freue dich, daß es eine Erkenntnis gibt, die seine Güte und seinen unendlichen Wert erkennt. Sag ihm Dank, daß er uns auf Erden einen gegeben hat, der ihn so erkennt: seinen eingeborenen Sohn.

12. November

Bitte Gott, dir beizustehen, daß auch du etwas beiträgst zum Lobpreis seines Namens: „Meine Seele erhebt und lobpreist den Herrn."

13. November

Mein Gott, du hast Worte des Lebens. Wenn wir nur suchen, können wir in ihnen finden, wonach wir verlangen. Es ist kein Wunder, daß wir bei der Torheit und Schwäche, die unsere bösen Werke verursachen, deine Worte vergessen.

14. November

Du bist allmächtig, und deine Werke sind unbegreiflich. Laß mir doch deine Worte nie aus dem Sinn kommen.

15. November

Du sprichst: „Kommt alle zu mir, die ihr mühselig und beladen seid, und ich will euch erquicken.“ Was wollen wir mehr, Herr? Was begehren wir noch und was suchen wir?

16. November

Warum gehen die Menschen verloren? Weil sie ihre Ruhe in den Dingen dieser Erde suchen. Welch eine Blindheit, daß wir dort Ruhe suchen, wo wir sie unmöglich finden können.

17. November

Habe Mitleid mit deinen Geschöpfen! Sieh, wie wir uns selbst nicht verstehen; nicht wissen, was wir verlangen, und in unseren Bitten das Rechte nicht treffen. Verleihe uns Licht, denn wir brauchen dies noch mehr als jener Blindgeborene.

18. November

Herr, liebe jene, die dich nicht lieben; öffne jenen die Tür, die dich nicht rufen; heile jene, die gern krank sind und selbst die Krankheit herbeiführen.

19. November

Du sagst, du bist gekommen, die Sünder zu suchen. Siehe, hier sind die wahren Sünder. Schau nicht auf unsere Verblendung, sondern auf das Blut, das dein Sohn für uns vergossen hat. Wir sind das Werk deiner Hände. Darum hilf uns in deiner Güte und Erbarmung.

20. November

Du bist in die Welt gekommen, Herr, um unseren großen Nöten abzuhelfen; so beginne damit. Gerade in den schwierigsten Dingen muß sich deine erbarmende Liebe zeigen. Sieh doch, wie viel deine Feinde gewinnen.

21. November

Hab Erbarmen mit denen, die gegen sich selbst kein Erbarmen haben. Da sie in ihrer heillosen Verblendung sich dir nicht nahen wollen, so komme du, mein Gott, zu ihnen. In ihrem Namen bitte ich dich; denn ich weiß, daß sie aus ihrem Todesschlaf erwachen, sobald sie dich erkennen.

22. November

Leben, das allen Leben spendet! Versage mir nicht jenes Wasser, das du dem Dürstenden verheißen hast. Ich verlange danach und bitte dich darum. Ich komme deshalb zu dir. Verbirg dich nicht vor mir.

23. November

Ihr lebendigen Quellen aus den Wunden meines Gottes! In welcher Überfülle fließt ihr, ohne aufzuhören, und wie sicher wandelt der durch die Gefahren dieses Lebens, der von diesem göttlichen Wasser trinkt.

24. November

Wie schnell sind wir bereit, dich zu beleidigen; und wie viel schneller noch bist du bereit, uns zu verzeihen. Was ist der Grund unserer so wahnsinnigen Vermessenheit? Liegt es vielleicht daran, daß wir deine große Barmherzigkeit kennen und deine strenge Gerechtigkeit vergessen?

25. November

Wie entsetzlich ist doch die Sünde, die einen Gott durch so große Schmerzen töten konnte! Wie sehr bist du von unseren Sünden umgeben. Von allen Seiten schlagen sie dir Todeswunden.

26. November

Es ist Zeit, ihr Christen, daß ihr euren König verteidigt und euch um ihn schart. Denn klein ist die Zahl der Getreuen, groß dagegen die Schar derer, die dem Luzifer folgen. Am schlimmsten aber ist, daß diese sich äußerlich als Freunde des Herrn ausgeben, ihn aber insgeheim verraten.

27. November

Die ihr den Freuden und Vergnügungen der Welt nachjagt und gewohnt seid, immer nur euren Willen zu tun, habt doch Erbarmen mit euch selbst. Bedenkt, daß euch jetzt derselbe Richter bittet, der einst das Verdammungsurteil über euch sprechen muß, und daß euer Leben keinen Augenblick sicher ist. Warum wollt ihr denn nicht ewig leben?

28. November

Wer, Herr, hat die Augen der Sünder so mit Schmutz bedeckt, daß sie die Gnade Gottes nicht beachteten, bis sie sich im Elend sahen? Wer hat ihre Ohren so verstopft, daß sie das nicht hörten, was ihnen von den ewigen Peinen gesagt wurde? Qual ohne Ende! Warum fürchten sie dich nicht, die nicht einmal auf einem harten Lager ruhen wollen, um ihrem Leib nicht wehe zu tun?

29. November

Warum sind wir in allem so mutlos und feige, außer wenn es darum geht, etwas gegen dich, Herr, zu unternehmen? Hier bieten die Kinder Adams alle ihre Kräfte auf. Doch auch die Kräfte aller Menschen zusammengenommen reichten nicht aus, um die Waffen gegen ihren Schöpfer zu ergreifen und einen beständigen Krieg zu führen gegen den, der sie in einem Augenblick in den Abgrund stürzen kann.

30. November

Die blinden Menschen suchen wie Wahnsinnige den Tod. In ihrer Verblendung meinen sie, darin das Leben zu finden. Sie sind wie unvernünftige Tiere.

1. Dezember

Wie kann jenen geholfen werden, die am Wahnsinn der Verblendung leiden? Der Wahnsinn, sagt man, verleihe große Kraft, und so ist es auch mit denen, die sich von Gott abwenden. Diese Kranken wenden sich mit ihrer ganzen Wut gegen dich, der ihnen nur Gutes tut.

2. Dezember

Wie fehlt es den Menschen an Kraft, wenn sie das Kleinste und Leichteste vollbringen sollen. Allen Ernstes reden sie sich ein, sie könnten beim besten Willen von einer Gelegenheit nicht ablassen und einer Gefahr nicht ausweichen, worin sie ihre Seele verlieren. Um sich aber gegen dich zu erheben, dazu haben sie Kraft und Mut.

3. Dezember

Ihr Sterblichen, geht in euch! Schaut euren König an! Jetzt werdet ihr ihn noch gnädig finden. Laßt ab von eurer großen Bosheit! Eure Wut und eure Kraft wende sich gegen den, der euch bekämpft und euch um euer Erbteil bringen will. Geht in euch!

4. Dezember

Mein Gott, wie leidest du für jene, die so wenig Mitleid mit deinen Schmerzen haben. Die Zeit wird kommen, da du deine Gerechtigkeit offenbaren wirst. Du wirst zeigen, daß deine Gerechtigkeit deiner Barmherzigkeit gleich kommt. Laßt uns dies gut bedenken und beherzigen!

5. Dezember

Ihr seligen Bewohner des Himmels, kommt unserer Armseligkeit zu Hilfe und seid unsere Fürbitter bei der göttlichen Barmherzigkeit: Sie möge uns teilnehmen lassen an eurer Freude und uns etwas von ihrer lichtvollen Erkenntnis mitteilen.

6. Dezember

Mein Gott, laß uns erkennen, was jenen zuteil wird, die in diesem armseligen Leben mannhaft kämpfen. Erwirkt uns, ihr Heiligen, etwas Verständnis eures Glückes, das ihr aus euren Freuden schöpft und aus der Gewißheit, daß diese nie ein Ende nehmen werden.

7. Dezember

Ihr Heiligen, ihr habt es so gut verstanden, aus dem euch anvertrauten Schatz Gewinn zu ziehen und euch ein ewiges Erbe zu erkaufen! Sagt uns, wie ihr dieses ewige Gut gewonnen habt! Helft uns, da ihr der Quelle so nahe seid! Schöpft Wasser für uns, die wir auf Erden vor Durst verschmachten.

8. Dezember

Herr, wer dich nicht kennt, der liebt dich nicht. Wehe denen, die dich nicht kennen wollen.

9. Dezember

Schrecklich ist die Todesstunde. Aber wie schrecklich wird erst der Tag sein, an dem deine Gerechtigkeit sich offenbaren wird.

10. Dezember

Betrachtet die innige Verbindung, in der ihr mit dem großen Gott steht! Lernt ihn kennen und verachtet ihn nicht! So angenehm sein Blick denen ist, die ihn lieben, so furchtbar und entsetzlich wird er seinen Verächtern sein.

11. Dezember

Möchten wir doch erkennen, was Sünde ist: ein offener Kampf, den wir mit allen unseren Sinnen und mit allen unseren Kräften gegen Gott führen.

12. Dezember

Faßt Mut, ihr Kinder unseres Gottes! Ihr wißt ja, was er selbst gesagt hat: er wolle unserer Sünden und Missetaten nicht mehr gedenken, wenn wir sie bereuen. Erbarmen über Maß! Was wollen wir mehr! Jetzt ist die Zeit, das Angebot Gottes anzunehmen.

13. Dezember

Gott will Freundschaft mit uns schließen. Wer will sich dem verweigern, der sich nicht weigerte, für uns sein Blut zu vergießen und sein Leben hinzugeben? Seht: er verlangt von uns nichts anderes, als das zu tun, was zu unserem eigenen Nutzen ist.

14. Dezember

Welche Torheit und Verblendung! Der Verlust einer unbedeutenden Sache, eines Vogels, der uns kein anderes Vergnügen gewährt, als daß wir ihn durch die Luft fliegen sehn, betrübt uns. Und der Verlust jenes mächtigen Adlers, der göttlichen Majestät nämlich, geht uns nicht zu Herzen. Mein Gott, heile eine solche Dummheit!

15. Dezember

Je mehr du kämpfst, um so mehr beweist du deine Liebe zu deinem Gott, und um so mehr wirst du dich einst bei ihm freuen. Und diese Freude wird ohne Ende sein.

16. Dezember

Mein Gott, der Gedanke, daß du überall gegenwärtig bist, ist ein großer Trost für uns.

17. Dezember

Die Liebe ist stark wie der Tod und unerbittlich wie die Hölle.

18. Dezember

Solange dieses sterbliche Leben dauert, sind wir immer in Gefahr, das ewige zu verlieren.

19. Dezember

Welch ein Sklave seiner Freiheit ist doch der freie Wille, wenn er nicht durch die Bande der Liebe an seinen Schöpfer gefesselt ist.

20. Dezember

Was unserem Willen Wert verleiht, ist seine Vereinigung mit dem Willen Gottes, so daß man nichts anderes will als das, was Gott will.

21. Dezember

Richte dich nach der Stimmung dessen, mit dem du umgehst: sei fröhlich mit den Fröhlichen, sei traurig mit den Traurigen. Kurz: werde allen alles, um alle zu gewinnen.

22. Dezember

Rede nie unüberlegt; sonst redest du Dinge, die dem Herrn mißfallen.

23. Dezember

Verrichte alles so, als sähest du den Herrn wirklich vor dir gegenwärtig.

24. Dezember

Löse dein Herz von allem Irdischen, suche Gott, und du wirst ihn finden.

25. Dezember

Opfere dem ewigen Vater alles auf in Vereinigung mit seinem Sohn. Höre nicht auf, dich in allen Dingen abzutöten. Handle danach! Liebe entzündet die Seele.

26. Dezember

Man soll nie etwas tun, was man nicht vor jedermann tun könnte.

27. Dezember

Sei mild gegen alle, gegen dich aber streng.

28. Dezember

Bedenke, wie schnell sich die Menschen ändern und wie wenig man sich auf sie verlassen kann. Halte dich fest an Gott, der unveränderlich ist.

29. Dezember

Zur Zeit der Traurigkeit und der Beunruhigung unterlasse deine Gebete nicht. Der böse Feind versucht dich zu verwirren, damit du sie unterläßt. Bete im Gegenteil mehr als sonst, und du wirst sehen, wie schnell der Herr dir hilft.

30. Dezember

Bedenke, daß du nur *eine* Seele hast und nur *einmal* sterben wirst, daß du nur *ein* Leben, und zwar ein kurzes Leben hast, und daß es nur *eine* ewige Glorie gibt.

31. Dezember

Dein Verlangen sei, Gott zu schauen, – deine Furcht, ihn zu verlieren, – dein Schmerz, noch nicht bei ihm zu sein, – deine Freude, daß er dich zu sich führen kann. Dann wirst du in großem Frieden leben.

Stellenverzeichnis

Die Worte Teresas sind folgender Übersetzung ihrer Schriften nachgestaltet:

Sämtliche Schriften der heiligen Theresia von Jesu

Erster Band: Das Leben der heiligen Theresia von Jesu (3., unveränderte Auflage 1960),

Vierter Band: Briefe der heiligen Theresia von Jesu, Zweiter Teil (2., unveränderte Auflage 1957),

Fünfter Band: Die Seelenburg der heiligen Theresia von Jesu. Mit einem Anhang: Gedanken über die Liebe Gottes / Rufe der Seele zu Gott / Kleinere Schriften (4., unveränderte Auflage 1970).

Die Schriften sind übersetzt von Aloysius Alkofer OCD und erschienen im Kösel-Verlag, München.

Herausgeberin und Verlag danken für die freundlich erteilte Abdruckgenehmigung.

Die Abkürzungen im folgenden Stellenverzeichnis bedeuten:

Lb	=	Das Leben der heiligen Theresia von Jesu
SB	=	Die Seelenburg der heiligen Theresia von Jesu
Br	=	Briefe der heiligen Theresia von Jesu, Zweiter Teil
3. B	=	Berichte der heiligen Theresia von Jesu, hier: 3. Bericht, in Band 1
Rufe	=	Rufe der Seele zu Gott, in Band 5
Gr	=	Grundsätze der heiligen Theresia, in Band 5
Erm	=	Ermahnungen der heiligen Theresia an ihre Nonnen, in Band 5

1. Januar Gr
2. Januar Lb 30/14
3. Januar Lb 2/8
4. Januar Lb 6/9
5. Januar Lb 6/9
6. Januar Lb 7/10
7. Januar Lb 7/18
8. Januar Lb 7/18
9. Januar Lb 8/5
10. Januar Lb 8/5
11. Januar Lb 8/6
12. Januar Lb 8/6
13. Januar Lb 8/6
14. Januar Lb 8/6
15. Januar Lb 8/7
16. Januar Lb 9/7
17. Januar Lb 9/7
18. Januar Lb 10/4
19. Januar Lb 10/5
20. Januar Lb 10/6
21. Januar Lb 10/6
22. Januar Lb 10/6
23. Januar Lb 11/1
24. Januar Lb 11/1
25. Januar Lb 11/2
26. Januar Lb 11/2
27. Januar Lb 11/3
28. Januar Lb 11/4
29. Januar Lb 11/5
30. Januar Lb 11/5
31. Januar Lb 11/7

1. Februar Lb 11/7
2. Februar Lb 11/12
3. Februar Lb 11/11
4. Februar Lb 11/11
5. Februar Lb 11/12
6. Februar Lb 11/12
7. Februar Lb 11/9
8. Februar Lb 11/12
9. Februar Lb 11/13
10. Februar Lb 11/14
11. Februar Lb 11/14
12. Februar Lb 11/14
13. Februar Lb 11/14
14. Februar Lb 12/1
15. Februar Lb 12/2
16. Februar Lb 12/3
17. Februar Lb 12/3
18. Februar Lb 13/2
19. Februar Lb 13/2
20. Februar Lb 13/2
21. Februar Lb 13/4
22. Februar Lb 13/13
23. Februar Lb 13/13
24. Februar Lb 13/15
25. Februar Lb 13/15
26. Februar Lb 13/15
27. Februar Lb 13/15
28. Februar Lb 14/2
29. Februar Lb 14/2

1. März Lb 14/4
2. März Lb 14/8
3. März Lb 14/9
4. März Lb 15/7
5. März Lb 15/7
6. März Lb 15/8
7. März Lb 15/8
8. März Lb 15/11
9. März Lb 15/15
10. März Lb 15/15
11. März Lb 15/15
12. März Lb 17/2
13. März Lb 17/2
14. März Lb 17/2

15. März Lb 17/6
16. März Lb 17/7
17. März Lb 18/3
18. März Lb 18/3
19. März Lb 18/3
20. März Lb 18/3
21. März Lb 18/4
22. März Lb 18/4
23. März Lb 18/4
24. März Lb 18/4
25. März Lb 18/6
26. März Lb 19/1
27. März Lb 19/1
28. März Lb 19/2
29. März Lb 19/3
30. März Lb 19/3
31. März Lb 19/8

1. April Lb 19/8
2. April Lb 19/13
3. April Lb 19/13
4. April Lb 20/27
5. April Lb 20/27
6. April Lb 21/5
7. April Lb 21/5
8. April Lb 21/6
9. April Lb 21/6
10. April Lb 21/6
11. April Lb 21/7
12. April Lb 21/11
13. April Lb 22/6
14. April Lb 22/7
15. April Lb 22/6
16. April Lb 22/10
17. April Lb 22/10
18. April Lb 22/10
19. April Lb 22/12
20. April Lb 22/12
21. April Lb 22/12
22. April Lb 22/13
23. April Lb 22/14
24. April Lb 22/14
25. April Lb 22/14
26. April Lb 22/14
27. April Lb 22/15
28. April Lb 22/17
29. April Lb 23/9
30. April Lb 24/7

1. Mai Lb 25/1
2. Mai Lb 25/1
3. Mai Lb 25/15
4. Mai Lb 25/15
5. Mai Lb 25/15
6. Mai Lb 25/15
7. Mai Lb 25/15
8. Mai Lb 25/15
9. Mai Lb 25/16
10. Mai Lb 25/18
11. Mai Lb 25/19
12. Mai Lb 25/19
13. Mai Lb 27/12
14. Mai Lb 27/13
15. Mai Lb 27/13
16. Mai Lb 27/13
17. Mai Lb 27/13
18. Mai Lb 27/13
19. Mai Lb 30/9
20. Mai Lb 30/12
21. Mai Lb 31/18
22. Mai Lb 31/18
23. Mai Lb 31/18
24. Mai Lb 31/19
25. Mai Lb 31/21
26. Mai Lb 31/21
27. Mai Lb 31/21

28. Mai Lb 31/21
29. Mai Lb 31/21
30. Mai Lb 31/22
31. Mai Lb 31/22
1. Juni Lb 31/22
2. Juni Lb 31/22
3. Juni Lb 31/23
4. Juni Lb 31/24
5. Juni Lb 32/4
6. Juni Lb 32/5
7. Juni Lb 32/5
8. Juni Lb 32/6
9. Juni Lb 34/7
10. Juni Lb 34/12
11. Juni Lb 34/12
12. Juni Lb 34/12
13. Juni Lb 34/12
14. Juni Lb 35/11
15. Juni Lb 35/11
16. Juni Lb 35/12
17. Juni Lb 35/12
18. Juni Lb 35/12
19. Juni Lb 35/12
20. Juni Lb 35/12
21. Juni Lb 36/7
22. Juni Lb 36/13
23. Juni Lb 37/5
24. Juni Lb 37/5
25. Juni Lb 37/5
26. Juni Lb 37/6
27. Juni Lb 37/6
28. Juni Lb 37/7
29. Juni Lb 38/6
30. Juni Lb 40/4
1. Juli Lb 40/6
2. Juli Lb 40/10
3. Juli Lb 40/18
4. Juli SB 2/9
5. Juli SB 2/9
6. Juli SB 2/10
7. Juli SB 2/10
8. Juli SB 2/11
9. Juli SB 2/12
10. Juli SB 2/12
11. Juli SB 2/12
12. Juli SB 3/1/7
13. Juli SB 3/1/7
14. Juli SB 3/1/9
15. Juli SB 3/2/2
16. Juli SB 3/2/8
17. Juli SB 3/2/9
18. Juli SB 3/2/9
19. Juli SB 3/2/11
20. Juli SB 3/2/13
21. Juli SB 3/2/15
22. Juli SB 4/1/3
23. Juli SB 4/1/9
24. Juli SB 4/1/9
25. Juli SB 4/1/9
26. Juli SB 4/1/13
27. Juli SB 4/1/14
28. Juli SB 4/1/14
29. Juli SB 4/1/15
30. Juli SB 4/2/5
31. Juli SB 4/2/9
1. August SB 4/2/9
2. August SB 4/3/3
3. August SB 4/3/11
4. August SB 5/1/2
5. August SB 5/1/3
6. August SB 5/1/4
7. August SB 5/1/5
8. August SB 5/1/11
9. August SB 5/1/12

10. August SB 5/2/5.7
11. August SB 5/3/1
12. August SB 5/3/2
13. August SB 5/3/7
14. August SB 5/3/7
15. August SB 5/3/7
16. August SB 5/3/8
17. August SB 5/3/8
18. August SB 5/3/8
19. August SB 5/3/8
20. August SB 5/3/9
21. August SB 5/3/9
22. August SB 5/3/10
23. August SB 5/3/10
24. August SB 5/3/12
25. August SB 5/3/12
26. August SB 5/3/13
27. August SB 5/3/13
28. August SB 5/4/10
29. August SB 6/1/12
30. August SB 6/4/7
31. August SB 6/5/4

1. September SB 6/6
2. September SB 6/6
3. September SB 6/6
4. September SB 6/7
5. September SB 6/7
6. September SB 6/7
7. September SB 6/7
8. September SB 6/9
9. September SB 6/10
10. September SB 6/10
11. September SB 6/10
12. September SB 6/10
13. September SB 6/10
14. September SB 6/10
15. September SB 6/10
16. September SB 6/10
17. September SB 6/10
18. September SB 6/12
19. September SB 7/1
20. September SB 7/1
21. September SB 7/1
22. September SB 7/4
23. September SB 7/4
24. September SB 7/4
25. September SB 7/4
26. September SB 7/4
27. September SB 7/4
28. September SB 7/4
29. September SB 7/4
30. September SB 7/4

1. Oktober SB 7/4
2. Oktober SB 7/4
3. Oktober SB 7/4
4. Oktober Br 236
5. Oktober Br 236
6. Oktober Br 247
7. Oktober Br 252
8. Oktober Br 252
9. Oktober Br 255
10. Oktober Br 255
11. Oktober Br 266
12. Oktober Br 268
13. Oktober Br 268
14. Oktober Br 278
15. Oktober Br 278
16. Oktober Br 278
17. Oktober Br 278
18. Oktober Br 288
19. Oktober Br 293
20. Oktober 3. B
21. Oktober 3. B
22. Oktober Rufe 1/1

23. Oktober Rufe 1/1
24. Oktober Rufe 1/1
25. Oktober Rufe 2/2
26. Oktober Rufe 2/3
27. Oktober Rufe 3/1
28. Oktober Rufe 3/1
29. Oktober Rufe 3/1
30. Oktober Rufe 3/1
31. Oktober Rufe 4/2
1. November Rufe 4/2
2. November Rufe 5/1
3. November Rufe 5/1
4. November Rufe 5/3
5. November Rufe 6/3
6. November Rufe 6/4
7. November Rufe 6/4
8. November Rufe 7/1
9. November Rufe 7/3
10. November Rufe 7/3
11. November Rufe 7/4
12. November Rufe 7/4
13. November Rufe 8/1
14. November Rufe 8/1
15. November Rufe 8/2
16. November Rufe 8/2
17. November Rufe 8/2
18. November Rufe 8/3
19. November Rufe 8/3
20. November Rufe 9/1
21. November Rufe 9/1
22. November Rufe 9/2
23. November Rufe 9/2
24. November Rufe 10/1
25. November Rufe 10/1
26. November Rufe 10/2
27. November Rufe 10/4
28. November Rufe 11/2
29. November Rufe 12/1
30. November Rufe 12/1
1. Dezember Rufe 12/1
2. Dezember Rufe 12/2
3. Dezember Rufe 12/4
4. Dezember Rufe 12/5
5. Dezember Rufe 13/1
6. Dezember Rufe 13/2
7. Dezember Rufe 13/5
8. Dezember Rufe 14/1
9. Dezember Rufe 14/1
10. Dezember Rufe 14/2
11. Dezember Rufe 14/2
12. Dezember Rufe 14/4
13. Dezember Rufe 14/4
14. Dezember Rufe 14/5
15. Dezember Rufe 15/4
16. Dezember Rufe 16/1
17. Dezember Rufe 17/4
18. Dezember Rufe 17/4
19. Dezember Rufe 17/6
20. Dezember Leitsätze 1
21. Dezember Erm 9
22. Dezember Erm 10
23. Dezember Erm 21
24. Dezember Erm 36
25. Dezember Erm 52/54
26. Dezember Erm 48
27. Dezember Erm 55
28. Dezember Erm 62
29. Dezember Erm 66
30. Dezember Erm 68
31. Dezember Erm 69

Theresia von Jesu: Sämtliche Schriften

Neue deutsche Ausgabe übersetzt nach der spanischen Ausgabe des P. Silverio de S. Teresa C. D. von P. Aloysius ab Immaculata conceptione aus dem Orden der unbeschuhten Karmeliten

– 1. Band. *Das Leben der heiligen Theresia von Jesu.* 3., unveränderte Auflage 1960. 545 Seiten. DM 55.– [ISBN 3-466-20112-8]

– 2. Band. *Das Buch der Klosterstiftungen der heiligen Theresia von Jesu.* 1936. 418 Seiten. Titelbild. DM 42.– [ISBN 3-466-20113-6]

– 3. Band. *Briefe der heiligen Theresia von Jesu.* I. Teil. 3., unveränderte Auflage 1971. 640 Seiten. Titelbild. DM 64.– [ISBN 3-466-20114-4]

– 4. Band. *Briefe der heiligen Theresia von Jesu.* II. Teil. 2., unveränderte Auflage 1957. 605 Seiten. Titelbild. DM 60.– [ISBN 3-466-20115-2]

– 5. Band. *Die Seelenburg der heiligen Theresia von Jesu.* Mit einem Anhang: Gedanken über die Liebe Gottes. Rufe der Seele zu Gott. Kleinere Schriften. 4., unveränderte Auflage 1970. 347 Seiten. Titelbild. DM 35.– [ISBN 3-466-20116-0]

– 6. Band. *Weg der Vollkommenheit* mit kleineren Schriften der heiligen Theresia von Jesu. 3. Auflage 1963. 431 Seiten. Titelbild. DM 43.– [ISBN 3-466-20117-9]

Gesamtpreis bei Abnahme der Bände 1–6 DM 250.– [ISBN 3-466-20139-x]